Racconti in Francese

Racconti in Francese per principianti e intermedi

Louise Blanchet

greenthumbpublishing@gmail.com

Contenuti

Introduzione

La lettura di una lingua straniera è uno dei modi più efficaci per migliorare le competenze linguistiche e ampliare il vocabolario. Tuttavia, a volte può essere difficile trovare materiali di lettura coinvolgenti e di livello adeguato, che diano una sensazione di realizzazione e di progresso. La maggior parte dei libri e degli articoli scritti per i madrelingua può essere troppo lunga e difficile da capire, oppure può avere un vocabolario di livello molto alto, per cui ci si sente sopraffatti e si rinuncia. Se questi problemi vi suonano familiari, allora questo libro fa per voi!

Racconti Brevi in Francese è una raccolta di 25 racconti non convenzionali e divertenti pensati per aiutare gli studenti di livello da principiante a intermedio di Francese a migliorare le loro competenze linguistiche.

Questi racconti creano un ambiente di lettura di supporto, includendo;

- Ricchi contenuti linguistici in diversi generi per intrattenere l'utente ed esporlo a una varietà di forme di parole.
- Storie brevi in capitoli per darvi la soddisfazione di finire le storie e progredire rapidamente.
- Testi scritti al vostro livello in modo da essere più facilmente comprensibili e non opprimenti.
- Traduzione italiana a pagine alterne per potervi fare riferimento direttamente riga per riga durante la lettura della storia Francese.
- I vocaboli chiave sono stampati in grassetto lungo tutta la storia e la traduzione per aiutare a capire meglio le parole non familiari.

- Domande di comprensione per testare la comprensione degli eventi chiave e per incoraggiare la lettura più approfondita.

Se volete ampliare il vostro vocabolario, migliorare la vostra comprensione o semplicemente leggere per divertimento, questo libro è il più grande passo avanti che farete nei vostri studi quest'anno. I Racconti Brevi in Francese vi daranno tutto il supporto di cui avete bisogno, quindi sedetevi, rilassatevi e lasciate correre la vostra immaginazione mentre venite trasportati in un magico mondo di avventura, mistero e intrighi - in Francese!

Come utilizzare questo libro

La lettura è un talento difficile da padroneggiare. Nella nostra lingua madre usiamo una serie di micro-abilità per aiutarci a leggere. Ad esempio, possiamo sfogliare un brano per avere una comprensione approssimativa del contenuto. Oppure potremmo sfogliare numerose pagine di un orario ferroviario alla ricerca di un orario o di un luogo specifico. Mentre queste micro-abilità sono una seconda natura quando leggiamo nella nostra lingua madre, la ricerca rivela che spesso dimentichiamo la maggior parte di esse quando leggiamo in una lingua straniera. Quando si impara una lingua straniera, di solito si parte dall'inizio di un testo e lo si sfoglia, cercando di capire ogni singola parola. Inevitabilmente, ci imbattiamo in termini sconosciuti o complessi e ci infastidisce l'incapacità di comprenderli.

Uno dei maggiori vantaggi della lettura di una lingua straniera è quello di essere esposti a un gran numero di frasi ed espressioni che vengono utilizzate nelle situazioni quotidiane. La lettura intensiva è un termine usato per descrivere la lettura per piacere al fine di imparare una lingua. Non è come la lettura di un libro di testo, quando le conversazioni o i testi sono concepiti per essere letti lentamente e con attenzione con l'obiettivo di comprendere ogni parola. La "lettura intensiva" si riferisce alla lettura effettuata per raggiungere obiettivi di apprendimento specifici o per completare compiti. In altre parole, la lettura approfondita dei libri di testo di solito favorisce l'apprendimento di regole grammaticali e di un vocabolario particolare, mentre la lettura intensiva di storie favorisce l'apprendimento del linguaggio

naturale.

I Racconti Brevi in Francese vi offriranno l'opportunità di conoscere meglio la lingua naturale Francese in uso, anche se forse avete iniziato il vostro percorso di apprendimento delle lingue esclusivamente con i libri di testo. Ecco alcuni suggerimenti da tenere a mente mentre leggete le storie di questo libro per trarne il massimo beneficio: Quando si tratta di leggere, il divertimento e il senso di realizzazione sono fondamentali. Si continua a tornare perché ci si diverte a leggere. Leggere ogni storia dall'inizio alla fine è il metodo migliore per godersi le storie e sentirsi realizzati. Di conseguenza, la cosa più importante è arrivare alla fine di una storia. È più importante che conoscere ogni singola parola.

Più si legge, più si acquisisce conoscenza. Se si leggono libri più grandi per piacere, si acquisisce rapidamente una conoscenza di come funziona la Francese. Tuttavia, tenete presente che per ottenere tutti i benefici della lettura estensiva, dovete prima leggere un volume sufficientemente consistente. Leggere qualche pagina qua e là può insegnare qualche parola nuova, ma non farà una differenza significativa nel livello generale di Francese.

Accettate il fatto che non riuscirete a comprendere tutto ciò che leggete in un romanzo. Questo è, senza dubbio, il punto più cruciale! Ricordate sempre che non capire tutte le parole o le frasi è assolutamente accettabile. Non significa che le vostre competenze linguistiche siano inadeguate o che il vostro rendimento sia scarso. Indica che state partecipando attivamente al processo di apprendimento.

Guida alla lettura

Per trarre il massimo beneficio dalla lettura di Racconti Brevi in Francese, è meglio seguire questo semplice processo di lettura in sei fasi per ogni capitolo dei racconti:

1. Leggete il titolo del capitolo. Pensate al tema della storia. Poi leggete la storia fino in fondo. Il vostro obiettivo è semplicemente quello di arrivare alla fine della storia. Pertanto, non fermatevi a cercare le parole e non preoccupatevi se ci sono cose che non capite. Cercate semplicemente di seguire la trama.

2. Quando arrivate alla fine della storia, scrutate la traduzione italiana per vedere se avete capito cosa è successo e per cogliere il contesto che vi è sfuggito.

3. Tornate indietro e rileggete la stessa storia. Se volete, potete concentrarvi di più sui dettagli della storia rispetto a prima, ma altrimenti leggete semplicemente un'altra volta.

4. Successivamente, leggete le domande di comprensione in Francese per verificare la vostra comprensione degli eventi chiave della storia. Se non capite completamente le domande, non preoccupatevi. Utilizzate le vostre conoscenze per rispondere al meglio.

5. A questo punto dovreste aver compreso gli eventi principali del capitolo. In caso contrario, potreste rileggere il capitolo alcune volte utilizzando la traduzione per controllare le parole e le frasi sconosciute fino a quando non vi sentirete sicuri.

Una volta che siete pronti e sicuri di aver capito cosa è successo - che sia dopo una o più letture della storia - passate alla storia successiva e continuate a godervi la storia al vostro ritmo, proprio come fareste con qualsiasi altro libro.

Solo una volta completata una storia nella sua interezza, si può pensare di tornare indietro e studiare il linguaggio della storia in modo più approfondito, se lo si desidera. Oppure, invece di preoccuparvi di capire tutto, prendetevi del tempo per concentrarvi su ciò che avete capito e congratularvi con voi stessi per quanto avete fatto.

Racconti in Francese

Louise Blanchet

La Côte d'Azur

La Côte d'Azur Un lieu de luxe, de richesse et de **beauté**. C'était un endroit que j'avais toujours rêvé de visiter, et me voici maintenant. Mon mari, Mark, et moi étions en lune de miel, et nous étions déterminés à en profiter au maximum. Nous avions planifié chaque **détail** méticuleusement et tout se passait parfaitement. Nous sommes arrivés à l'aéroport de Nice et avons été emmenés dans une voiture avec chauffeur jusqu'à notre **hôtel** surplombant la mer Méditerranée. Le soleil se couchait à notre arrivée, et la vue depuis notre chambre était à couper le souffle. Nous avons rapidement déballé nos affaires avant de partir à la découverte de la ville. Les rues étaient animées par des gens qui profitaient de l'air chaud du soir. Nous avons erré sans but, en profitant des vues et des sons de ce lieu **magique**. Au détour d'une rue, sur une petite place, nous avons entendu de la **musique provenant** d'un café voisin. Nous nous sommes dirigés vers le café et avons vu qu'il était bondé de gens, tous appréciant la musique. Nous avons trouvé une table à l'arrière et nous nous sommes assis pour écouter. Le groupe jouait un mélange de chansons françaises et anglaises, et tout le monde semblait s'amuser.

Pendant que nous écoutions, nous n'avons pas pu nous

La Costa Azzurra

La Costa Azzurra Un luogo di lusso, ricchezza e **bellezza**. Era un luogo che avevo sempre sognato di visitare, e ora eccomi qui. Io e mio marito Mark eravamo in luna di miele ed eravamo determinati a sfruttarla al massimo. Avevamo pianificato ogni **dettaglio** meticolosamente e tutto stava andando alla perfezione. Arrivammo all'aeroporto di Nizza e fummo trasportati in un'auto con autista fino al nostro **hotel** affacciato sul Mar Mediterraneo. Al nostro arrivo il sole stava tramontando e la vista dalla nostra camera era mozzafiato. Abbiamo disfatto rapidamente le valigie prima di scendere a esplorare la città. Le strade erano piene di gente che si godeva l'aria calda della sera. Abbiamo vagato senza meta, ammirando i panorami e i suoni di questo luogo **magico**. Quando abbiamo girato l'angolo in una piccola piazza, abbiamo sentito **della musica** provenire da un caffè vicino. Ci siamo diretti verso il caffè e abbiamo visto che era pieno di gente, che si godeva la musica. Trovammo un tavolo in fondo e ci sedemmo ad ascoltare. Il gruppo suonava un mix di canzoni francesi e inglesi e tutti sembravano divertirsi.

Mentre ascoltavamo, non potevamo fare a meno di notare un gruppo di **belle** donne sedute a un tavolo vicino all'ingresso. Ridevano e scherzavano insieme,

empêcher de remarquer un groupe de **belles** femmes assises à une table près de l'entrée. Elles riaient et plaisantaient ensemble, s'amusant manifestement beaucoup. Il n'a pas fallu longtemps pour que l'attention de Mark se porte entièrement sur elles. Je pouvais le voir les regarder avec envie, et je savais ce qu'il pensait. Je me suis penchée vers lui et j'ai **murmuré** à son oreille : "Tu veux aller leur parler ?". Il a hoché la tête avec enthousiasme, alors j'ai pris sa main et l'ai conduit à leur table. Mark a commencé à discuter avec les femmes immédiatement, et elles nous ont rapidement inclus dans leur **conversation**. Elles nous ont dit qu'elles étaient mannequins et qu'elles étaient ici pour une séance photo qui aurait lieu demain matin sur l'un des yachts amarrés dans le **port**. Elles nous ont invitées à les rejoindre pour boire un verre plus tard dans la soirée, une fois la séance terminée. Après avoir terminé nos boissons, nous nous sommes dirigés vers l'endroit où se déroulait la fête sur **le yacht**. Il devait y avoir une centaine de personnes, qui se mêlaient aux autres, buvaient du champagne ou **dansaient** sur le pont sous les lumières féeriques accrochées autour du bateau. On se serait cru dans un film. Une des filles nous a repérés et est venue nous saluer à nouveau avant de nous entraîner sur la piste de danse, où nous avons dansé jusque tard dans la nuit.

chiaramente divertendosi immensamente. Non passò molto tempo prima che l'attenzione di Mark si concentrasse completamente su di loro. Vedevo che le guardava con desiderio e sapevo cosa stava pensando. Mi avvicinai a lui e gli **sussurrai** all'orecchio: "Vuoi andare a parlare con loro?". Annuì con impazienza, così lo presi per mano e lo condussi al loro tavolo. Mark iniziò subito a chiacchierare con le donne, che presto ci coinvolsero nella loro **conversazione**. Ci dissero che erano modelle e che erano qui per un servizio fotografico che si sarebbe svolto domani mattina su uno degli yacht ormeggiati nel **porto**. Ci hanno invitato a unirci a loro per un drink la sera stessa, dopo la fine del servizio fotografico. Dopo aver finito di bere, ci siamo diretti verso il luogo in cui si stava svolgendo la festa dello **yacht**. Ci saranno state 100 persone, che si mescolavano, bevevano champagne o **ballavano** sul ponte sotto le luci fiabesche appese intorno alla barca. Sembrava uscito da un film. Una delle ragazze ci ha notato e si è avvicinata per salutarci di nuovo prima di condurci sulla pista da ballo, dove abbiamo ballato fino a tarda notte.

Questions de compréhension

1. Qu'est-ce que la Côte d'Azur ?

2. Quelle était la vue de la chambre d'hôtel ?

3. Quel genre de musique jouait le groupe ?

4. Quelles étaient les femmes auxquelles Mark s'intéressait ?

5. Que se passait-il sur le yacht ?

6. Comment était le yacht après la transformation ?

7. Combien de personnes étaient présentes à la fête ?

8. Que représente la Côte d'Azur pour le couple ?

9. De quoi le couple est-il satisfait ?

10. Quelles sont les autres aventures que le couple prévoit de vivre ?

Domande di comprensione

1. Che cos'è la Costa Azzurra?

2. Qual era la vista dalla camera d'albergo?

3. Che tipo di musica suonava il gruppo?

4. Quali erano le donne a cui Marco era interessato?

5. Cosa succedeva sullo yacht?

6. Come appariva lo yacht dopo la trasformazione?

7. Quante persone c'erano alla festa?

8. Che cos'è la Costa Azzurra per la coppia?

9. Di cosa si accontentano i coniugi?

10. Quali sono le altre avventure che la coppia ha in programma?

Bœuf bourguignon

C'était une nuit sombre et **orageuse**. Le vent hurlait dans les arbres, faisant voler les feuilles et les branches dans les airs. Au loin, le tonnerre grondait comme une bête en colère. Bœuf Bourguignon frissonnait dans sa petite cabane, blotti sous une mince **couverture**. Il savait qu'il aurait dû se coucher tôt, mais il était tellement excité à l'idée de préparer son fameux plat pour le dîner du lendemain qu'il n'a pas pu résister à l'envie de rester debout un peu plus longtemps pour travailler dessus. Il le regrette maintenant en écoutant le **vent** hurler et en pensant à tous les invités qui viendront demain. Seront-ils capables de passer à travers la tempête ? Il l'espère, car cela fait des semaines qu'il attend ce **dîner avec impatience**. Ce serait une occasion **spéciale**, sa première chance de montrer ses talents culinaires à certaines des personnes les plus influentes de la ville. Il avait travaillé dur pour perfectionner sa recette de bœuf bourguignon et était convaincu qu'il impressionnerait **tous ceux** qui le goûteraient. Demain soir ne pouvait pas arriver assez tôt.

Le lendemain, le Bœuf Bourguignon se réveilla au son de la **pluie qui** tapait contre sa **fenêtre**. Il grogne et tire la couverture sur sa tête, essayant de bloquer le bruit.

Boeuf bourguignon

Era una notte buia e **tempestosa**. Il vento ululava tra gli alberi, facendo volare in aria foglie e rami. In lontananza, il tuono rimbombava come una bestia inferocita. Boeuf Bourguignon tremava nella sua piccola capanna, rannicchiato sotto una sottile **coperta**. Sapeva che avrebbe dovuto andare a letto presto, ma era così eccitato all'idea di preparare il suo famoso piatto per la cena di domani che non aveva resistito a rimanere sveglio ancora un po' per lavorarci. Ora se ne pentiva, mentre ascoltava l'ululato del **vento** e pensava a tutti gli ospiti che sarebbero venuti domani. Sarebbero riusciti a superare la tempesta? Lo sperava, perché erano settimane che aspettava con ansia questa **cena**. Sarebbe stata un'occasione **speciale**, la sua prima possibilità di mostrare le sue abilità culinarie ad alcune delle persone più influenti della città. Aveva lavorato duramente per perfezionare la sua ricetta del Boeuf Bourguignon ed era sicuro che avrebbe impressionato **chiunque** l'avesse provata. Domani sera non poteva arrivare abbastanza presto.

Il giorno dopo, Boeuf bourguignon si svegliò con il rumore della **pioggia** che batteva contro la **finestra**. Gemette e si tirò la coperta sulla testa, cercando di bloccare il rumore. Sarebbe stata una giornata piovosa,

La journée s’annonçait pluvieuse, c’était clair. Mais il n’avait pas de temps à perdre à s’apitoyer sur son sort, il avait un dîner à préparer ! Il se leva et commença à s’affairer dans sa petite cabane, préparant tout pour le grand **événement de** ce soir. Son cœur battait la chamade tandis qu’il **coupait les** légumes et remuait la marmite de ragoût qui allait devenir son fameux plat. Tout devait être parfait s’il voulait faire bonne impression sur ses invités. À la tombée de la nuit, le bœuf bourguignon entend le bruit des roues d’un chariot qui s’approche sous la pluie. Le cœur battant, il se dépêche d’allumer des bougies et de mettre la touche finale à son repas. Les invités sont là. Le dîner a été un **succès** au-delà des rêves les plus fous du Bœuf Bourguignon. Son plat a reçu des critiques élogieuses, et même les invités les plus critiques ont dû admettre qu’il était **délicieux**. Il rayonne de fierté en acceptant leurs compliments, sentant qu’il est enfin arrivé en tant que chef.

questo era chiaro. Ma non aveva tempo da perdere a commiserarsi: aveva una cena da preparare! Si alzò e cominciò a trafficare nella sua piccola capanna, preparando tutto per il grande **evento** di stasera. Il cuore gli batteva all'impazzata mentre **tagliava le** verdure e mescolava la pentola dello stufato che sarebbe diventato il suo famoso piatto. Tutto doveva essere perfetto se voleva fare una buona impressione sui suoi ospiti. Quando iniziò a calare la notte, il Boeuf bourguignon sentì il rumore delle ruote delle carrozze che si avvicinavano sotto la pioggia. Il suo cuore ebbe un sussulto mentre si affrettava ad accendere le candele e a dare gli ultimi ritocchi al piatto. Gli ospiti erano arrivati. La cena fu un **successo** che andava al di là delle più rosee aspettative del Boeuf bourguignon. Il suo piatto era stato accolto da recensioni entusiastiche e anche gli ospiti più critici avevano dovuto ammettere che era **delizioso**. Accettando i loro complimenti, il giovane era orgoglioso e sentiva di essere finalmente diventato uno chef.

Questions de compréhension

1. Quel est le nom du plat que prépare le protagoniste ?

2. Pour quel genre d'événement le protagoniste prépare-t-il le plat ?

3. Pourquoi le plat du protagoniste est-il spécial ?

4. Que ressent le protagoniste à propos du dîner ?

5. À quel bruit le protagoniste se réveille-t-il ?

6. Comment le protagoniste réagit-il en entendant le son ?

7. Quel est l'objectif du protagoniste pour le dîner ?

8. Le dîner se déroule-t-il comme prévu ?

9. Comment le protagoniste se sent-il après le dîner ?

10. Que devient le protagoniste ?

Domande di comprensione

1. Come si chiama il piatto che il protagonista sta preparando?

2. Per quale tipo di evento il protagonista sta preparando il piatto?

3. Perché il piatto del protagonista è speciale?

4. Come si sente il protagonista alla cena?

5. Che suono sente il protagonista al risveglio?

6. Come reagisce il protagonista quando sente il suono?

7. Qual è l'obiettivo del protagonista per la cena?

8. La cena va come previsto?

9. Come si sente il protagonista dopo la cena?

10. Cosa succede al protagonista?

Révolution française

C'était une nuit sombre et orageuse. C'était le genre de nuit qui vous fait croire que tout peut arriver. Et cette nuit-là, en 1789, il s'est passé quelque chose. C'était le début de la Révolution française. Le peuple français était **malheureux** depuis de nombreuses années. Ils étaient fatigués d'être gouvernés par un roi qui se souciait plus de lui-même que de ses sujets. Ils en avaient assez d'être taxés pour payer son style de vie **somptueux** alors qu'ils avaient du mal à joindre les deux bouts. Et ils étaient surtout fatigués de voir leurs amis et leurs familles mourir dans des guerres qu'il avait déclenchées juste pour le plaisir. Trop, c'est trop ! En cette nuit fatidique, un groupe d'hommes et de femmes **courageux** se sont rassemblés dans le centre de Paris pour demander à leur roi de changer. Ils voulaient la démocratie et l'**égalité**, et ils étaient prêts à se battre pour cela si nécessaire. Au fur et à mesure que la nouvelle se répandait dans la ville, de plus en plus de personnes se joignaient à la foule grandissante, jusqu'à ce qu'il y ait une armée en son sein, prête à affronter quiconque tenterait de les arrêter. Le roi, bien sûr, n'était pas prêt à abandonner son **pouvoir** sans se battre. Il a fait appel aux militaires pour réprimer le soulèvement, mais ils ont rapidement été **dépassés en nombre** et en qualité par les révolutionnaires. Les gens

Rivoluzione francese

Era una notte buia e tempestosa. Era il tipo di notte che ti fa credere che tutto possa accadere. E in questa notte particolare, nell'anno 1789, qualcosa accadde. Era l'inizio della Rivoluzione francese. Il popolo francese era **infelice** da molti anni. Erano stanchi di essere governati da un re che si preoccupava più di se stesso che dei suoi sudditi. Erano stanchi di essere tassati per pagare il suo stile di vita **sfarzoso**, mentre loro faticavano ad arrivare a fine mese. Ed erano soprattutto stanchi di vedere i loro amici e le loro famiglie morire in guerre che lui aveva iniziato solo per divertimento. Quando è troppo è troppo! In quella fatidica notte, un gruppo di uomini e donne **coraggiosi si riunì** nel centro di Parigi per chiedere un cambiamento al loro re. Volevano democrazia e **uguaglianza** ed erano disposti a combattere per ottenerle, se necessario. Man mano che la voce si diffondeva in tutta la città, sempre più persone si univano alla folla crescente, fino a formare un esercito pronto ad affrontare chiunque cercasse di fermarli. Il re, naturalmente, non intendeva rinunciare al suo **potere** senza combattere. Chiamò i militari per sedare la rivolta, ma furono rapidamente **messi in minoranza** e superati dai rivoluzionari. Il popolo combatté con passione e determinazione e in pochi giorni prese il controllo della città.

se sont battus avec passion et détermination, et en quelques jours, ils ont pris le contrôle de la ville.

La révolution a commencé ! Pendant des mois, les **combats** se poursuivent alors que les révolutionnaires tentent de diffuser leur **message** dans toute la France. Ils se heurtent à la résistance de ceux qui soutiennent encore le roi, mais ils finissent par gagner suffisamment de cœurs et d'esprits pour faire de réels progrès. Finalement, après des années de lutte, la démocratie est déclarée victorieuse et le roi Louis XVI est **renversé**. La Révolution française était terminée... du moins c'est ce qu'il semblait. Malheureusement, la nouvelle démocratie n'a pas duré longtemps. Le peuple est divisé sur le type de gouvernement qu'il souhaite, et une nouvelle guerre civile éclate rapidement. Cette fois, elle a été encore **plus sanglante** que la première, les **frères** se battant les uns contre les autres. Le pays est dans le chaos, mais de ce chaos, un nouveau leader émerge. Il s'appelait Napoléon Bonaparte, et il a rapidement accédé au pouvoir en promettant d'apporter l'ordre à cette nation **chaotique**. Et pendant un temps, il semblait qu'il allait réussir.

La rivoluzione è iniziata! Per mesi i **combattimenti** continuarono, mentre i rivoluzionari cercavano di diffondere il loro **messaggio** in tutta la Francia. Incontrarono la resistenza di coloro che ancora sostenevano il re, ma alla fine conquistarono un numero sufficiente di cuori e di menti per compiere reali progressi. Alla fine, dopo anni di lotte, la democrazia fu dichiarata vittoriosa e il re Luigi XVI fu **rovesciato**. La Rivoluzione francese era giunta al termine... o almeno così sembrava. Purtroppo, la nuova democrazia non durò a lungo. Il popolo era diviso sul tipo di governo che voleva e in breve tempo ci fu una nuova guerra civile. Questa volta fu ancora **più sanguinosa** della prima, poiché **i fratelli** combattevano contro i fratelli. Il Paese era nel caos, ma da quel caos emerse un nuovo leader. Si chiamava Napoleone Bonaparte e salì rapidamente al potere promettendo di portare ordine nella **caotica** nazione. E per un certo periodo sembrò che ci sarebbe riuscito.

Questions de compréhension

1. Qu'est-ce que la Révolution française ?

2. Pourquoi le peuple français était-il malheureux ?

3. Que voulait le peuple de son roi ?

4. Que s'est-il passé lors de la nuit fatidique ?

5. Qui était Napoléon Bonaparte ?

6. Qu'a fait Napoléon pour la France ?

7. Pourquoi les ennemis de Napoléon se sont-ils soulevés contre lui ?

8. Quel a été l'héritage de la Révolution française ?

9. Que dit le texte sur la démocratie ?

10. Que dit le texte sur la place de la Révolution française dans l'histoire ?

Domande di comprensione

1. Che cos'è stata la Rivoluzione francese?

2. Perché il popolo francese era infelice?

3. Cosa voleva il popolo dal suo re?

4. Cosa è successo nella notte fatidica?

5. Chi era Napoleone Bonaparte?

6. Cosa fece Napoleone per la Francia?

7. Perché i nemici di Napoleone si sollevarono contro di lui?

8. Qual è stata l'eredità della Rivoluzione francese?

9. Cosa dice il testo sulla democrazia?

10. Cosa dice il testo sul posto della Rivoluzione francese nella storia?

Monet

Le soleil se couche, et le ciel s'embrase de couleurs. Monet était assis sur la rive de la **rivière**, peignant la scène devant lui. La lumière dansait sur l'eau, créant un **millier de** teintes différentes. Le pinceau de Monet volait sur la tolle, capturant tout. Il a toujours été attiré par la couleur. Enfant, il passait des heures à contempler des **arcs-en-ciel** et des couchers de soleil. Sa mère avait l'habitude de lui dire qu'il était né avec un **pinceau à** la main. Et elle avait raison : dès son plus jeune âge, Monet savait qu'il voulait être un artiste. À vingt-cinq ans, il était l'un des peintres les plus célèbres de France. Il avait exposé ses œuvres à Paris et à Londres, et ses peintures étaient recherchées par les **collectionneurs de** toute l'Europe. Mais quel que soit son succès, Monet est toujours resté humble ; pour lui, l'art n'était pas une question de gloire ou de fortune - il s'agissait simplement d'exprimer la beauté par la **couleur**.

Ce soir, Monet peignait l'un de ses sujets favoris : la Seine. Il avait toujours été fasciné par la façon dont l'**eau** changeait de couleur selon l'heure du jour et les conditions **météorologiques**. C'était comme une toile vivante, en constante évolution. Il plongea son pinceau dans la **peinture** et commença à travailler.

Monet

Il sole stava tramontando e il cielo era pieno di colori. Monet era seduto sulla riva del **fiume** e dipingeva la scena davanti a sé. La luce danzava sull'acqua, creando **mille** sfumature diverse. Il pennello di Monet volava sulla tela, catturando tutto. Era sempre stato attratto dai colori. Da bambino passava ore a fissare **arcobaleni** e tramonti. Sua madre gli diceva sempre che era nato con un **pennello** in mano. E aveva ragione: fin da piccolo Monet sapeva di voler diventare un artista. A venticinque anni era uno dei pittori più celebri di Francia. Aveva esposto le sue opere a Parigi e a Londra e i suoi quadri erano ricercati dai **collezionisti di** tutta Europa. Ma a prescindere dal successo ottenuto, Monet rimase sempre umile: per lui l'arte non riguardava la fama o la fortuna, ma semplicemente l'espressione della bellezza attraverso il **colore**.

Questa sera Monet dipingeva uno dei suoi soggetti preferiti: la Senna. Era sempre stato affascinato dal modo in cui l'**acqua** cambiava colore a seconda dell'ora del giorno e delle condizioni **atmosferiche**. Era come una tela vivente, in continua evoluzione. Intinse il pennello nella **vernice** e iniziò a lavorare. La luce si stava affievolendo rapidamente, ma non gli importava;

La lumière déclinait rapidement, mais cela ne le dérangeait pas ; il aimait peindre au crépuscule. Il y avait quelque chose de **magique**, comme si tout était possible. Soudain, il entendit des bruits de pas derrière lui. Il se retourne pour voir une jeune femme marcher vers lui. Elle semblait perdue et confuse, et Monet ne pouvait s'empêcher d'être attiré par elle. Alors qu'elle se rapprochait, Monet a pu voir qu'elle était très **belle**. Elle avait de longs **cheveux** noirs et des yeux bleus perçants. Elle lui rappelait quelqu'un... mais il n'arrivait pas à savoir qui c'était.

“Excusez-moi”, dit-elle doucement, “Savez-vous où je suis ?” “Vous êtes en France”, répond Monet en souriant, “mais plus précisément, vous vous trouvez devant mon chevalet”. La femme a l'air **surprise**. Je suis désolée, je ne voulais pas m'imposer... Je cherche juste quelqu'un. “Qui cherchez-vous ?” demande Monet avec curiosité. “Je m'appelle Anna”, répond-elle. “Je cherche un **artiste** qui s'appelle Claude Monet.” Le coeur de Monet a fait un bond quand il l'a entendue dire son nom. Serait-ce la même Anna qu'il avait connue autrefois ? Il ne l'avait pas vue depuis qu'ils étaient tous deux **enfants**. Mais ça ne peut pas être une coïncidence, n'est-ce pas ? Sans un mot de plus, Monet remballe ses peintures et ses pinceaux. Puis, sans réfléchir davantage, il prend la main d'Anna et l'emmène loin de la rive. Ils **marchent dans les** rues de Paris jusqu'à ce qu'ils atteignent son **atelier**.

amava dipingere nelle ore del crepuscolo. C'era qualcosa di **magico**, come se tutto fosse possibile. All'improvviso sentì dei passi dietro di sé. Si voltò e vide una giovane donna che camminava verso di lui. Sembrava smarrita e confusa e Monet non poté fare a meno di sentirsi attratto da lei. Quando si avvicinò, Monet poté vedere che era molto **bella**. Aveva lunghi **capelli** scuri e penetranti occhi azzurri. Gli ricordava qualcuno... ma non riusciva a capire chi fosse.

"Mi scusi", disse dolcemente, "sa dove mi trovo?". "È in Francia", rispose Monet con un sorriso, "ma più precisamente si trova davanti al mio cavalletto". La donna sembrò **sorpresa**. Mi scusi, non volevo intromettermi... Sto solo cercando una persona. "Chi sta cercando?", chiese Monet incuriosito. "Mi chiamo Anna", rispose lei. "Sto cercando un **artista** di nome Claude Monet". Il cuore di Monet ebbe un sussulto quando la sentì pronunciare il suo nome. Poteva essere la stessa Anna che aveva conosciuto un tempo? Non la vedeva da quando erano entrambi **bambini**. Ma non poteva essere una coincidenza, vero? Senza dire altro, Monet raccolse i colori e i pennelli. Poi, senza pensarci più, prese la mano di Anna e la condusse via dalla riva del fiume. **Camminarono** per le strade di Parigi fino a raggiungere il suo **studio**.

Questions de compréhension

1. Que représente l'art pour Monet ?

2. Pourquoi Monet est-il attiré par la femme qu'il rencontre ?

3. A quoi la femme lui fait-elle penser ?

4. Où Monet emmène-t-il la femme qu'il rencontre ?

5. Comment Monet connaît-il la femme qu'il rencontre ?

6. Quel est le sujet que Monet préfère peindre ?

7. À quel moment de la journée Monet préfère-t-il peindre ?

8. Dans quel autre endroit l'œuvre de Monet est-elle exposée ?

9. Que pense Monet de son succès ?

10. Quand Monet a-t-il vu pour la dernière fois la femme qu'il rencontre ?

Domande di comprensione

1. Che cosa dice Monet che l'arte è per lui?

2. Perché Monet è attratto dalla donna che incontra?

3. Cosa gli ricorda la donna?

4. Dove porta Monet la donna che incontra?

5. Come fa Monet a conoscere la donna che incontra?

6. Qual è il soggetto preferito da Monet per dipingere?

7. A che ora del giorno Monet preferisce dipingere?

8. In quale altro luogo è esposta l'opera di Monet?

9. Cosa pensa Monet del suo successo?

10. Quando Monet ha visto per l'ultima volta la donna che incontra?

Festival du film de Cannes

Le Festival de Cannes est l'un des événements les plus **prestigieux** de l'industrie cinématographique. Chaque année, la crème de la crème d'Hollywood descend sur la Côte d'Azur pour deux semaines de paillettes, de glamour et de **magie** cinématographique. Cette année n'a pas dérogé à la règle, puisque des vedettes du monde entier sont venues participer à ce que l'on appelle désormais "l'expérience ultime du festival du film". Pour l'actrice en herbe Lily James, participer au festival de Cannes était un rêve devenu réalité. Elle a toujours voulu faire partie de l'**action** et voir de près comment les plus grands noms d'Hollywood opèrent. Aussi, lorsqu'elle a reçu une invitation à participer au **festival de** cette année en tant qu'invitée de son ami et camarade acteur Ryan Gosling, elle n'a pas pu dire non. Lily est arrivée le premier jour du festival et s'est immédiatement sentie comme un **poisson** hors de l'eau. Elle n'avait pas l'habitude d'être entourée de tant de richesse et de luxe. Mais elle s'est vite retrouvée au cœur de l'effervescence, profitant de chaque minute de son séjour à Cannes. Elle a assisté à des fêtes organisées par de **grands** studios, a côtoyé les plus

Festival di Cannes

Il Festival di Cannes è uno degli eventi più **prestigiosi** dell'industria cinematografica. Ogni anno, i migliori e più brillanti di Hollywood si riversano sulla Costa Azzurra per due settimane di sfarzo, glamour e **magia** cinematografica. Quest'anno non è stato diverso, e le star di tutto il mondo sono venute a partecipare a quello che è diventato noto come "l'esperienza definitiva del festival del cinema". Per l'aspirante attrice Lily James, partecipare a Cannes è stato un sogno che si è avverato. Aveva sempre desiderato essere parte dell'**azione** e vedere di persona come operano i più grandi nomi di Hollywood. Così, quando ha ricevuto l'invito a partecipare al **festival di** quest'anno come ospite del suo amico e collega attore Ryan Gosling, non ha potuto dire di no. Lily è arrivata il primo giorno del festival e si è sentita subito un **pesce** fuor d'acqua. Non era abituata a essere circondata da tanta ricchezza e lusso. Ma ben presto si è trovata coinvolta in tutta l'eccitazione, godendosi ogni minuto della sua permanenza a Cannes. Ha partecipato a feste organizzate da **importanti** studios, ha avuto a che fare con alcune delle più grandi star di Hollywood e ha persino ottenuto un ambito ruolo in un prossimo film

grandes stars d'Hollywood et a même décroché un rôle très convoité dans un prochain film à succès réalisé par Quentin Tarantino lui-même ! C'était tout ce dont elle aurait pu rêver, et plus encore.

Les jours suivants se sont écoulés dans un flou total pour Lily. Elle se levait tôt chaque **matin**, assistait à des conférences de presse et à des événements sur le tapis rouge pendant la journée, puis se rendait aux soirées le soir. Elle en appréciait chaque minute, mais elle commençait aussi à se sentir un peu **dépassée**. Un soir, elle s'est retrouvée assise au bord du **balcon de** son hôtel, à contempler les lumières scintillantes de Cannes. Tout était si beau, mais aussi si écrasant. Soudain, elle a senti quelqu'un s'asseoir à côté d'elle et poser une main **réconfortante** sur son épaule. C'était Ryan Gosling. Il avait gardé un œil sur elle de loin et pouvait voir qu'elle commençait à être dépassée par les événements. Il a donc décidé d'aller la voir et de s'assurer qu'elle allait **bien**. Ils sont restés assis ensemble pendant un moment, à discuter et à profiter de la compagnie de l'autre sous les étoiles"("Je suis si heureux que tu sois là, Lily", a finalement dit Ryan. Ce festival peut être très difficile à gérer, mais c'est aussi une **expérience** incroyable. Je suis juste heureux que tu puisses la partager avec moi. "

di successo diretto da Quentin Tarantino in persona! È stato tutto ciò che avrebbe mai potuto sognare, e anche di più.

I giorni successivi passarono in modo confuso per Lily. Si alzava presto ogni **mattina**, partecipava alle conferenze stampa e ai red carpet durante il giorno e poi si dedicava alle feste la sera. Le piaceva ogni minuto, ma cominciava anche a sentirsi un po' **sopraffatta**. Una sera si ritrovò seduta sul bordo del **balcone** del suo hotel, a guardare le luci scintillanti di Cannes. Era tutto così bello, ma anche così opprimente. All'improvviso, ha sentito qualcuno sedersi accanto a lei e posare una mano **confortante** sulla sua spalla. Era Ryan Gosling. L'aveva tenuta d'occhio da lontano e aveva capito che stava iniziando a essere sopraffatta da tutto. Decise quindi di controllarla per vedere se stava **bene**. Rimasero seduti insieme per un po', parlando e godendosi la reciproca compagnia sotto le stelle"("Sono così felice che tu sia qui, Lily", disse alla fine Ryan. Questo festival può essere molto impegnativo, ma è anche un'**esperienza** incredibile. Sono felice che tu possa condividerla con me. "

Questions de compréhension

1. Qu'est-ce que le Festival de Cannes ?

2. Quelle est l'importance du Festival de Cannes ?

3. Qui a participé au Festival de Cannes cette année ?

4. Quelle a été l'expérience de Lily James au Festival du film de Cannes ?

5. Comment Ryan Gosling a-t-il aidé Lily James au Festival de Cannes ?

6. Qu'ont fait Lily James et Ryan Gosling à la fin du festival ?

7. Qu'est-il arrivé à Lily James après le Festival de Cannes ?

8. Quel est le film dans lequel Lily James a joué après le Festival de Cannes ?

9. Comment le film a-t-il été accueilli après sa sortie ?

10. Que pense Lily James de son expérience au Festival de Cannes ?

Domande di comprensione

1. Che cos'è il Festival di Cannes?

2. Qual è il significato del Festival di Cannes?

3. Chi ha partecipato al Festival di Cannes quest'anno?

4. Qual è stata l'esperienza di Lily James al Festival di Cannes?

5. In che modo Ryan Gosling ha aiutato Lily James al Festival di Cannes?

6. Cosa hanno fatto Lily James e Ryan Gosling alla fine del festival?

7. Cosa è successo a Lily James dopo il Festival di Cannes?

8. Qual è il film in cui Lily James ha recitato dopo il Festival di Cannes?

9. Come è andato il film dopo la sua uscita?

10. Cosa pensa Lily James della sua esperienza al Festival di Cannes?

Camembert

La première fois que j'ai goûté du camembert, c'était lors d'un voyage en France avec ma famille. Nous séjournions dans un petit **village de** la vallée de la Loire et, un soir, nous avons décidé de nous rendre à la fromagerie locale. Le commerçant nous a accueillis chaleureusement et nous a offert à chacun un morceau de ce fromage doux et **crémeux** sur une baguette croustillante. C'était le coup de foudre. Depuis lors, j'ai toujours eu un faible pour le camembert. Chaque fois que je le vois sur un menu ou à l'épicerie, je ne peux pas résister à l'envie de l'acheter. Même s'il n'est pas vraiment **bon marché**, il vaut chaque centime pour ce moment de pur bonheur où l'on prend la première bouchée. Ce soir, je m'offre un dîner spécial composé de poulet **rôti** maison, de pommes de terre au romarin et, bien sûr, de camembert cuit dans son petit plat **en céramique**. Rien que d'y penser, j'en ai l'eau à la bouche. Je mets la table avec mes meilleures assiettes et mes meilleurs verres, j'allume une bougie et je me sers un verre de vin blanc. Puis je me dirige vers la cuisine pour vérifier la nourriture. Le **poulet** était presque prêt, alors je l'ai mis sous le gril pour le faire dorer quelques minutes. Les pommes de terre sont croustillantes et dorées, comme je les aime. Et le camembert commence à suinter de sa croûte - parfait !

Camembert

La prima volta che ho assaggiato il Camembert è stato durante un viaggio in Francia con la mia famiglia. Alloggiavamo in un piccolo **villaggio della** Valle della Loira e una sera decidemmo di fare un giro nella fromagerie locale. Il negoziante ci accolse calorosamente e ci offrì un pezzo di formaggio morbido e **cremoso** su una baguette croccante. Fu amore al primo morso. Da allora ho sempre avuto un debole per il Camembert. Ogni volta che lo vedo in un menu o in un negozio di alimentari, non posso fare a meno di comprarlo. Anche se non è proprio **economico**, vale ogni centesimo per quel momento di pura beatitudine che si prova al primo morso. Stasera mi concedo una cena speciale a base di pollo **arrosto** fatto in casa con patate al rosmarino e, naturalmente, Camembert cotto nel suo piccolo piatto **di ceramica**. Solo a pensarci mi viene l'acquolina in bocca. Preparo la tavola con i miei piatti e bicchieri migliori, accendo una candela e mi verso un bicchiere di vino bianco. Poi vado in cucina a controllare il cibo. Il **pollo** era quasi pronto, così l'ho messo sotto il grill a rosolare per qualche minuto. Le patate sono croccanti e dorate, proprio come piacciono a me. E il Camembert sta iniziando a fuoriuscire dalla crosta: perfetto!

J'ai tout mis dans mon assiette et je me suis assis à la table. Prendre cette première bouchée de fromage est un pur **délice...** meilleur que n'importe quel repas de restaurant que j'ai pu manger ! Alors que je savoure chaque morceau de nourriture dans mon assiette, je sais que c'est un dîner dont je me souviendrai toujours avec émotion. Ce soir, je partage mon amour du camembert avec mes propres enfants. Ils n'en ont jamais mangé auparavant, alors je suis impatiente de voir leur **réaction**. Comme prévu, ils sont tous deux sceptiques à la première bouchée. Mais après quelques bouchées supplémentaires (et un peu de conviction de ma part), ils sont tous les deux accros ! Il semble que nous aurons plus souvent du camembert au dîner à partir de maintenant. Mes goûts changent et évoluent avec l'âge. Mais une chose qui est restée constante, c'est mon **amour** pour le camembert. Ces jours-ci, j'aime **expérimenter** avec différentes recettes et associations. Je l'ai essayé avec toutes sortes de fruits, de confitures et même de **charcuterie**. C'est toujours délicieux !

Ho versato tutto nel piatto e mi sono seduta a tavola. Il primo morso di bontà al formaggio è un vero **paradiso...** meglio di qualsiasi pasto al ristorante che abbia mai mangiato! Mentre assaporo fino all'ultimo pezzetto di cibo nel mio piatto, so che questa sarà una cena che ricorderò sempre con affetto. Stasera condivido il mio amore per il Camembert con i miei figli. Non l'hanno mai assaggiato prima, quindi non vedo l'ora di vedere la loro **reazione**. Come previsto, sono entrambi scettici al primo morso. Ma dopo qualche altro boccone (e un po' di convincimento da parte mia), entrambi si sono appassionati! Sembra che d'ora in poi mangeremo Camembert a cena più spesso. I miei gusti cambiano e si evolvono con l'avanzare dell'età. Ma una cosa che è rimasta costante è il mio **amore** per il Camembert. Oggi mi piace **sperimentare** ricette e abbinamenti diversi. L'ho provato con tutti i tipi di frutta, marmellate e persino **salumi**. È sempre delizioso!

Questions de compréhension

1. Quel est le premier souvenir de l'auteur concernant le camembert ?

2. Qu'a fait le commerçant lorsque l'auteur et sa famille sont entrés dans la fromagerie ?

3. Que dit l'auteur du camembert par rapport aux repas de restaurant ?

4. Qu'est-ce que l'auteur fait de différent avec le camembert quand elle se sent aventureuse ?

5. Comment l'auteur mange-t-il habituellement le camembert ?

6. Que dit l'auteur à propos du goût du camembert ?

7. Que dit l'auteur à propos du prix du camembert ?

8. Où l'auteur dit-elle avoir mangé du camembert pour la première fois ?

9. Quelle est l'opinion de l'auteur sur le camembert ?

10. À quoi le camembert fait-il penser pour l'auteur ?

Domande di comprensione

1. Qual è il primo ricordo che l'autore ha del Camembert?

2. Cosa fece il negoziante quando l'autrice e la sua famiglia entrarono nella fromagerie?

3. Cosa dice l'autore del Camembert rispetto ai piatti del ristorante?

4. Cosa fa l'autrice di diverso con il Camembert quando si sente avventurosa?

5. Come mangia di solito l'autore il Camembert?

6. Cosa dice l'autore a proposito del gusto del Camembert?

7. Cosa dice l'autore a proposito del prezzo del Camembert?

8. Dove l'autrice dice di aver mangiato per la prima volta il Camembert?

9. Qual è l'opinione dell'autore sul Camembert?

10. Che cosa ricorda all'autore il Camembert?

Le Louvre

Le Louvre était autrefois un grand **palais**, où vivaient les rois et les reines de France. Mais aujourd'hui, c'est un musée, rempli d'art et d'histoire. Les visiteurs viennent du monde entier pour voir la Joconde, la Vénus de Milo et d'autres œuvres d'art célèbres. Mais il y a une peinture qui n'est pas exposée. Elle est cachée dans une pièce **secrète**, au plus profond du Louvre. Cette peinture s'appelle "La Cène". Il a été peint par Léonard de Vinci, mais il n'a jamais été terminé. Certains disent que Léonard de Vinci l'a laissé inachevé parce qu'il savait qu'un jour il vaudrait plus que n'importe quel autre **tableau** dans le monde. Personne ne sait avec certitude pourquoi le tableau est **caché**. Mais certains pensent qu'elle contient un **message** secret de De Vinci lui-même. Un message qui pourrait changer le monde à jamais. Le Louvre est l'une des destinations touristiques les plus populaires de Paris. Mais ce jour-là, il n'y a qu'un seul visiteur. Une jeune femme nommée Sarah. Elle est venue voir le tableau de la Cène. Sarah sait que le tableau est **inachevé**. Mais elle sait aussi qu'il contient un message caché. Un message de Léonard de Vinci lui-même.

Elle a étudié le tableau pendant des années et elle

Il Louvre

Un tempo il Louvre era un grande **palazzo** che ospitava re e regine francesi. Ma ora è un museo, pieno di arte e di storia. I visitatori vengono da tutto il mondo per vedere la Gioconda, la Venere di Milo e altre famose opere d'arte. Ma c'è un dipinto che non è esposto. È nascosto in una stanza **segreta**, nel profondo del Louvre. Questo quadro si chiama "L'ultima cena". Fu dipinto da Leonardo da Vinci, ma non fu mai terminato. Alcuni sostengono che Da Vinci lo abbia lasciato incompiuto perché sapeva che un giorno sarebbe valso più di qualsiasi altro **dipinto** al mondo. Nessuno sa con certezza perché il dipinto sia **nascosto**. Ma alcuni credono che contenga un **messaggio** segreto di Da Vinci stesso. Un messaggio che potrebbe cambiare il mondo per sempre. Il Louvre è una delle mete turistiche più popolari di Parigi. Ma in questo giorno c'è un solo visitatore. Una giovane donna di nome Sarah. È venuta a vedere il dipinto dell'Ultima Cena. Sarah sa che il dipinto è **incompiuto**. Ma sa anche che contiene un messaggio nascosto. Un messaggio di Leonardo da Vinci in persona.

Ha studiato il dipinto per anni ed è convinta di poter **decodificare** il messaggio se solo riuscisse a vederlo da vicino. Ma quando Sarah cerca di entrare nella

est convaincue qu'elle peut **décoder le** message si elle parvient à l'observer de plus près. Mais lorsque Sarah tente d'entrer dans la pièce où est conservée la peinture, elle la trouve **fermée à clé**. Il doit y avoir un autre moyen d'entrer, se dit-elle. Elle commence à chercher une porte cachée ou un passage secret. Sarah passe des heures à chercher un moyen d'entrer dans la pièce secrète, mais elle ne trouve rien. Elle est sur le point d'abandonner lorsqu'elle entend quelqu'un se diriger vers elle dans le **couloir**. C'est la sécurité ! Ils l'ont surprise en train de fouiner, et maintenant ils vont la jeter hors du Louvre. Sarah est escortée hors du Louvre par la sécurité. Mais elle ne se **décourage** pas. Elle sait que le tableau contient un message de Léonard de Vinci. Et elle est déterminée à le trouver. Plus tard dans la nuit, Sarah retourne au Louvre. Elle escalade la clôture et se faufile dans le bâtiment. Elle se dirige vers la pièce secrète, et cette fois, elle trouve une porte cachée. Elle **entre dans la** pièce, et là, devant elle, se trouve "La Cène".

stanza dove è custodito il dipinto, la trova **chiusa a chiave**. Deve esserci un altro modo per entrare, pensa tra sé e sé. Inizia a cercare una porta nascosta o un passaggio segreto. Sarah passa ore a cercare un modo per entrare nella stanza segreta, ma non riesce a trovare nulla. Sta per arrendersi quando sente qualcuno venire verso di lei lungo il **corridoio**. È la sicurezza! L'hanno sorpresa a curiosare e ora la cacceranno dal Louvre. Sarah viene scortata fuori dal Louvre dalla sicurezza. Ma non si **scoraggia**. Sa che il dipinto contiene un messaggio di Leonardo da Vinci. Ed è determinata a trovarlo. Più tardi, quella sera, Sarah torna al Louvre. Scavalca la recinzione e si intrufola nell'edificio. Si dirige verso la stanza segreta e questa volta trova una porta nascosta. **Entra nella** stanza e davanti a lei c'è "L'ultima cena".

Questions de compréhension

1. Quel est le nom du tableau qui est caché au Louvre ?

2. Qui a peint la Cène ?

3. Pourquoi le tableau est-il caché ?

4. Comment Sarah sait-elle que le tableau contient un message caché ?

5. Que trouve Sarah lorsqu'elle décode le message de Léonard de Vinci ?

6. Pourquoi Sarah ne peut-elle parler à personne du message qu'elle a trouvé ?

7. Quel est le plan de Sarah pour financer ses propres recherches ?

8. Que se passerait-il si l'on apprenait le message caché de la peinture ?

9. Que pense Sarah du décodage du message ?

10. Quel thème est présent dans le texte ?

Domande di comprensione

1. Come si chiama il dipinto nascosto al Louvre?

2. Chi ha dipinto l'Ultima Cena?

3. Perché il dipinto è nascosto?

4. Come fa Sarah a sapere che il dipinto contiene un messaggio nascosto?

5. Cosa scopre Sarah quando decodifica il messaggio di Leonardo da Vinci?

6. Perché Sarah non può dire a nessuno del messaggio che ha trovato?

7. Qual è il piano di Sarah per finanziare la propria ricerca?

8. Cosa succederebbe se si venisse a sapere del messaggio nascosto del dipinto?

9. Come si sente Sarah quando decodifica il messaggio?

10. Quale tema è presente nel testo?

Mont Blanc

L'air était **raréfié** et le froid mordant. Mais je m'en fichais. Cela faisait des années que je rêvais de ce moment - me retrouver enfin au sommet du Mont Blanc, la plus haute **montagne** d'Europe. J'ai commencé mon ascension tôt le matin, avant que le soleil n'ait eu le temps de réchauffer les choses. Au début, c'était difficile, mais j'ai vite trouvé mon **rythme** et je me suis installé à un rythme confortable. De temps en temps, je m'arrêtais pour reprendre mon souffle et admirer la vue magnifique qui m'entourait. À mesure que je prenais de l'altitude, le paysage changeait radicalement. Les champs **verts** et les forêts d'en bas avaient disparu au profit de rochers **déchiquetés** couverts de neige et de glace. Mais j'ai continué à avancer, jusqu'à ce que j'atteigne le sommet. Il n'y avait pas grand-chose à voir là-haut - juste d'autres **rochers** couverts de neige - mais cela n'avait pas d'importance. J'ai réussi ! Contre toute attente, j'avais gravi le Mont Blanc.

La montée avait été longue et difficile, mais j'étais enfin au sommet du Mont Blanc. La vue était incroyable, je pouvais voir à des kilomètres dans toutes les directions. Mais plus que cela, j'ai ressenti un sentiment d'**accomplissement**. C'était quelque chose que

Il Monte Bianco

L'aria era **rarefatta** e il freddo era pungente. Ma non mi importava. Erano anni che sognavo questo momento: essere finalmente in cima al Monte Bianco, la **montagna** più alta d'Europa. Ho iniziato l'ascesa la mattina presto, prima che il sole avesse la possibilità di riscaldare le cose. All'inizio la strada è stata dura, ma presto ho trovato il mio **ritmo** e mi sono stabilizzata su un'andatura confortevole. Di tanto in tanto, mi fermavo per riprendere fiato e ammirare il panorama mozzafiato che mi circondava. Man mano che salivo di quota, il paesaggio cambiava radicalmente. Non c'erano più i campi **verdi** e le foreste di prima; al loro posto c'erano rocce **frastagliate** coperte di neve e ghiaccio. Ma ho continuato ad andare avanti, finché alla fine ho raggiunto la vetta. Non c'era molto da vedere lassù - solo altre **rocce** coperte di neve - ma non importava. Ce l'avevo fatta! Contro ogni previsione, avevo scalato il Monte Bianco.

Era stata una **salita** lunga e faticosa, ma finalmente mi trovavo in cima al Monte Bianco. Il panorama era incredibile: potevo vedere per chilometri in ogni direzione. Ma soprattutto ho provato un senso di **realizzazione**. Era una cosa che avevo sempre voluto fare e ora l'avevo fatta! Ho assaporato il momento più

j'avais toujours voulu faire, et maintenant je l'ai fait ! J'ai savouré ce moment aussi longtemps que possible avant d'entamer ma descente. La descente a été beaucoup plus facile que la montée, et j'ai rapidement retrouvé des altitudes **plus basses** où l'air était plus épais et la **température** plus chaude. Alors que je retournais vers la **civilisation**, toutes sortes d'émotions me traversaient l'esprit : fierté, joie, satisfaction. Ce fut un voyage épique, tant sur le plan physique que mental, mais qui en valait vraiment la peine. C'était le rêve de **toute une vie** d'escalader le Mont Blanc, et j'y étais enfin parvenu. Le sentiment d'accomplissement était indescriptible lorsque je me tenais au sommet et que je regardais la vue imprenable dans toutes les directions.

Mais le voyage n'a pas été facile. Il y a eu des moments où j'ai cru que je n'allais pas y arriver, mais j'ai trouvé la **force** de continuer. Maintenant que c'était terminé, je pouvais regarder en arrière avec fierté et **satisfaction**. J'ai vécu une expérience incroyable du début à la fin, une expérience qui restera gravée dans ma mémoire pour le reste de ma vie. Et qui sait, peut-être qu'un jour, je reviendrai pour tenter à nouveau de **conquérir la** plus haute montagne d'Europe. J'ai toujours voulu escalader le Mont Blanc, mais je n'ai jamais pensé que je le ferais. Mais j'étais là, debout sur le **sommet**, avec un sentiment d'accomplissement comme jamais auparavant.

a lungo possibile prima di iniziare la discesa. Scendere è stato molto più facile che salire e ben presto mi sono ritrovata a quote **più basse**, dove l'aria era più densa e la **temperatura** più calda. Mentre tornavo verso la **civiltà**, ogni tipo di emozione mi attraversava la mente: orgoglio, gioia, soddisfazione. Era stato un viaggio epico, sia fisicamente che mentalmente, ma alla fine ne era valsa la pena. Era il sogno **di una vita** scalare il Monte Bianco e finalmente ce l'avevo fatta. Il senso di realizzazione era indescrivibile quando mi trovavo in cima alla vetta, guardando il panorama mozzafiato in ogni direzione.

Ma il viaggio verso l'alto non è stato facile. Ci sono stati momenti in cui ho pensato di non farcela, ma in qualche modo ho trovato la **forza** di andare avanti. Ora che era finito, potevo guardare indietro con orgoglio e **soddisfazione**. È stata un'esperienza incredibile dall'inizio alla fine, che mi accompagnerà per tutta la vita. E chissà, forse un giorno tornerò per un altro tentativo di **conquistare la** montagna più alta d'Europa. Avevo sempre desiderato scalare il Monte Bianco, ma non avevo mai pensato di poterlo fare davvero. Ma eccomi lì, in piedi sulla **cima**, a provare un senso di realizzazione come mai prima d'ora.

Questions de compréhension

1. Quel était le but de l'auteur en escaladant le Mont Blanc ?

2. Qu'a ressenti l'auteur en atteignant le sommet ?

3. Quelle a été la partie la plus difficile de l'ascension pour l'auteur ?

4. Comment le paysage changeait-il au fur et à mesure que l'auteur montait en altitude ?

5. Pourquoi le sentiment d'accomplissement était-il indescriptible pour l'auteur ?

6. Comment l'auteur s'est-il senti après avoir terminé l'ascension ?

7. Quelles émotions l'auteur a-t-il ressenties pendant l'ascension ?

8. À quoi l'auteur a-t-il pensé en descendant la montagne ?

9. Quelle a été la réaction de l'auteur après la conquête du Mont Blanc ?

10. Que compte faire l'auteur à l'avenir concernant le Mont-Blanc ?

Domande di comprensione

1. Qual era l'obiettivo dell'autore nella scalata del Monte Bianco?

2. Come si è sentito l'autore una volta raggiunta la vetta?

3. Qual è stata la parte più difficile della scalata per l'autore?

4. Come cambiava il paesaggio man mano che l'autore saliva in alto?

5. Perché il senso di realizzazione era indescrivibile per l'autore?

6. Come si è sentito l'autore dopo aver completato la scalata?

7. Quali emozioni ha provato l'autore durante la scalata?

8. A cosa pensava l'autore mentre scendeva dalla montagna?

9. Qual è stata la reazione dell'autore alla conquista del Monte Bianco?

10. Che cosa intende fare l'autore in futuro riguardo al Monte Bianco?

Champagne

La première fois que j'ai goûté du champagne, c'était lors d'une **soirée du** Nouvel An. Mes amis et moi étions serrés autour de la table de la **cuisine**, riant et plaisantant en attendant que minuit arrive. Nous avions chacune apporté notre propre bouteille de champagne, et lorsque l'horloge a sonné douze coups, nous les avons toutes ouvertes et applaudies. Les **bulles** ont chatouillé mon nez lorsque j'ai pris une gorgée, et le goût ne ressemblait à rien de ce que j'avais connu auparavant. C'était doux et léger, avec juste une pointe d'acidité. J'avais l'impression de flotter sur un **nuage** en sirotant mon champagne ce soir-là, et il est rapidement devenu ma nouvelle boisson préférée. Depuis lors, le champagne a toujours été associé à des occasions spéciales dans mon esprit. Qu'il s'agisse de fêter un anniversaire ou de célébrer la nouvelle année, ouvrir une bouteille de champagne donne toujours l'impression de quelque chose de spécial. Et même si le champagne peut être dégusté à n'importe quelle heure du jour ou de la nuit, il y a quelque chose dans le fait de le **boire** le matin qui me fait me sentir encore plus **chic** ! Alors cette année, quand le jour de l'an est revenu, j'ai décidé de commencer 2019 en m'offrant un petit déjeuner au champagne.

Champagne

La prima volta che ho assaggiato lo champagne ero a una **festa di** Capodanno. Io e i miei amici eravamo tutti assiepati intorno al tavolo **della cucina**, ridendo e scherzando mentre aspettavamo che arrivasse la mezzanotte. Ognuno di noi aveva portato la propria bottiglia di bollicine e, quando l'orologio segnò le dodici, le stappammo tutti ed esultammo. Le **bollicine** mi solleticarono il naso quando ne bevvi un sorso e il sapore era come non l'avevo mai provato prima. Era dolce e leggero, con un pizzico di acidità. Quella sera, sorseggiando lo champagne, mi sentivo come se stessi fluttuando su una **nuvola** e divenne subito la mia nuova bevanda preferita. Da allora, nella mia mente lo champagne è sempre stato associato alle occasioni speciali. Che si tratti di festeggiare un compleanno o di inaugurare il nuovo anno, stappare una bottiglia di bollicine è sempre una sensazione speciale. E anche se lo champagne può essere gustato a qualsiasi ora del giorno e della notte, c'è qualcosa nel **berlo** al mattino che mi fa sentire particolarmente **elegante**! Così quest'anno, quando è arrivato il Capodanno, ho deciso di iniziare il 2019 regalandomi una colazione a base di champagne.

Ho aperto una bottiglia di Veuve Clicquot Yellow Label

J'ai ouvert une bouteille de Veuve Clicquot Yellow Label Brut NV et je me suis versé un **verre**. Puis je me suis assise à la table de ma cuisine avec mon ordinateur portable pour vérifier mes e-mails et profiter de mon délicieux début d'année. Je ne sais pas ce qui m'a pris ce jour-là, mais pour une raison quelconque, le champagne avait un goût encore **meilleur** que d'habitude. J'ai continué à siroter mon verre pendant que je travaillais et j'ai fini la bouteille entière en un rien de temps ! Comme je me sentais un peu **pompette**, j'ai décidé de m'en offrir une autre. J'ai donc ouvert une autre bouteille de Veuve Clicquot et je me suis versé un autre verre. À l'heure du déjeuner, je me sentais plutôt **bien**. Le champagne m'avait définitivement mis d'humeur festive, et j'ai décidé d'appeler quelques amis pour voir s'ils voulaient se retrouver pour déjeuner. Quelques-uns d'entre eux étaient libres, alors nous nous sommes retrouvés dans un **restaurant** voisin. Nous avons tous commandé des sandwiches et des salades, et, bien sûr, encore du champagne. Nous avons fini par rester au restaurant jusqu'à sa fermeture, en riant et en discutant tout le temps. C'était une façon si **amusante** de commencer la nouvelle année.

Brut NV e me ne sono versata un **bicchiere**. Poi mi sono seduta al tavolo della cucina con il mio portatile per controllare le e-mail e godermi il mio delizioso inizio del nuovo anno. Non so cosa mi sia preso quel giorno, ma per qualche motivo lo champagne aveva un sapore ancora **migliore** del solito. Ho continuato a sorseggiare il mio bicchiere mentre lavoravo e in breve tempo ho finito l'intera bottiglia! Sentendomi un po' **su di giri**, ho deciso di concedermene un altro. Così ho aperto un'altra bottiglia di Veuve Clicquot e me ne sono versato un altro bicchiere. All'ora di pranzo mi sentivo abbastanza **bene**. Lo champagne mi aveva decisamente messo di buon umore e decisi di chiamare alcuni amici per sapere se volevano vedersi a pranzo. Alcuni di loro erano liberi, così ci incontrammo in un **ristorante** vicino. Ordinammo tutti panini e insalate e, naturalmente, altro champagne. Alla fine siamo rimasti al ristorante fino alla chiusura, ridendo e chiacchierando per tutto il tempo. È stato un modo così **divertente** di iniziare il nuovo anno.

Questions de compréhension

1. Quelle a été la première expérience de l'auteur avec le champagne ?

2. Comment l'auteur s'est-il senti après avoir bu du champagne au petit-déjeuner ?

3. Qu'a fait l'auteur quand il a vu le groupe d'adolescents ?

4. Pourquoi l'année 2019 a-t-elle été l'un des meilleurs réveillons de l'auteur ?

5. Quelle est l'opinion de l'auteur sur le champagne ?

6. A quoi le champagne fait-il penser pour l'auteur ?

7. Quel goût avait le champagne pour l'auteur le jour de l'an ?

8. Qu'est-ce que l'auteur a mangé à midi ?

9. Qu'a fait l'auteur en rentrant chez lui ?

10. Quel a été le résultat des activités du jour de l'an de l'auteur ?

Domande di comprensione

1. Qual è stata la prima esperienza dell'autore con lo champagne?

2. Come si è sentito l'autore dopo aver bevuto champagne a colazione?

3. Che cosa ha fatto l'autore quando ha visto il gruppo di adolescenti?

4. Perché il 2019 è stato uno dei migliori Capodanni dell'autore?

5. Qual è l'opinione dell'autore sullo champagne?

6. Che cosa ricorda all'autore lo champagne?

7. Che sapore aveva lo champagne per l'autore il giorno di Capodanno?

8. Che cosa ha mangiato l'autore per pranzo?

9. Che cosa ha fatto l'autore quando sono tornati a casa?

10. Qual è stato il risultato delle attività di Capodanno dell'autore?

La Tour Eiffel

La Tour Eiffel est l'un des monuments les plus **emblématiques** du monde. Pour beaucoup, elle symbolise la ville de l'**amour**, Paris. Mais pour une femme, elle a une signification beaucoup plus personnelle. Claire avait toujours rêvé de visiter la tour Eiffel. Enfant, elle regardait souvent des photos de la tour et **imaginait** ce que ce serait de se tenir à son sommet et de voir la ville entière en dessous d'elle. Lorsqu'elle a enfin eu l'âge de **voyager, elle s'est assurée qu'**un voyage à Paris figurait en tête de sa liste. Elle est arrivée dans la **ville** par une belle journée de printemps et est immédiatement tombée amoureuse de tout ce qui s'y trouvait. Les images, les sons et les odeurs étaient si différents de tout ce qu'elle avait connu auparavant. Elle passe chaque jour **à explorer les** différents quartiers de Paris, mais garde toujours la Tour Eiffel pour la fin. Elle voulait savourer chaque moment de son expérience.

Pour son dernier jour dans la ville, elle s'est réveillée tôt et s'est rendue à la **tour**. Elle a été surprise de constater qu'il n'y avait pas de file d'attente pour entrer. Il semblait que tout le monde l'avait déjà vue et était passé à autre chose. Elle s'est dirigée vers le guichet

La Torre Eiffel

La Torre Eiffel è uno dei monumenti più **iconici** del mondo. Per molti simboleggia la città dell'**amore**, Parigi. Ma per una donna ha un significato molto più personale. Claire aveva sempre sognato di visitare la Torre Eiffel. Da bambina, guardava spesso le sue foto e **immaginava** come sarebbe stato stare in cima alla torre e vedere l'intera città sotto di lei. Quando finalmente fu abbastanza grande per **viaggiare**, si assicurò che un viaggio a Parigi fosse in cima alla sua lista. Arrivò in **città** in una splendida giornata di primavera e si innamorò immediatamente di tutto ciò che la riguardava. I panorami, i suoni e gli odori erano così diversi da tutto ciò che aveva sperimentato prima. Passò ogni giorno **a esplorare** diverse zone di Parigi, ma lasciò sempre per ultima la visita alla Torre Eiffel. Voleva assaporare ogni momento della sua esperienza lì.

L'ultimo giorno di permanenza in città, si svegliò presto e si diresse verso la **torre**. Fu sorpresa di scoprire che non c'era la fila per entrare. Sembrava che tutti gli altri l'avessero già vista e se ne fossero andati. Si avvicinò alla biglietteria e chiese un **biglietto per la** cima. L'addetto le disse che costava 13,50 euro. Claire esitò per un attimo, incerta se volesse davvero

et a demandé un **billet pour le** sommet. Le préposé lui dit que c'est 13,50 €. Claire hésite un moment, ne sachant pas si elle veut vraiment **dépenser** autant d'argent pour quelque chose d'aussi touristique, mais elle décide que c'est probablement sa seule chance de voir la vue du sommet de la tour Eiffel. Elle a pris l'**ascenseur jusqu'**au premier niveau de la tour et est sortie sur l'un des ponts d'observation. La vue était encore plus époustouflante que ce qu'elle avait imaginé. Elle pouvait voir tout Paris s'étendre devant elle, avec ses **toits** sans fin et ses rues sinueuses menant à différents quartiers et districts. À ce moment-là, elle avait l'impression que tout était possible, qu'elle pouvait conquérir tout ce que la vie lui réservait tant qu'elle avait ce souvenir en tête. Alors qu'elle profitait de la vue, elle a remarqué que quelqu'un se dirigeait vers elle. C'était un homme, qui semblait avoir à peu près son âge. Il avait les cheveux et les yeux foncés, et portait un petit **sac à dos**. Quand il est arrivé à sa hauteur, il lui a demandé si elle parlait anglais. Elle acquiesce et il se présente comme Olivier.

spendere tutti quei soldi per qualcosa di così turistico, ma poi decise che probabilmente quella era la sua unica occasione per vedere il panorama dalla cima della Torre Eiffel. Salì con l'**ascensore** al primo livello della torre e uscì su uno dei ponti di osservazione. La vista era ancora più mozzafiato di quanto avesse immaginato. Poteva vedere tutta Parigi che si estendeva davanti a lei, con i suoi **tetti** infiniti e le sue strade tortuose che conducevano a diversi quartieri e distretti. In quel momento si sentì come se tutto fosse possibile, come se potesse conquistare qualsiasi cosa la vita le proponesse, purché avesse questo ricordo a cui aggrapparsi. Mentre osservava il panorama, notò qualcuno che camminava verso di lei. Era un uomo e sembrava avere circa la sua età. Aveva capelli e occhi scuri e portava con sé un piccolo **zaino**. Quando la raggiunse, le chiese se parlava inglese. Lei annuì e lui si presentò come Olivier.

Questions de compréhension

1. Que symbolise la Tour Eiffel pour de nombreuses personnes ?

2. Qu'est-ce que Claire imaginait de la Tour Eiffel lorsqu'elle était enfant ?

3. Comment Claire s'est-elle sentie à son arrivée à Paris ?

4. Pourquoi Claire a-t-elle gardé la visite de la tour Eiffel pour la fin de son séjour à Paris ?

5. Quelle a été la réaction de Claire face à la vue depuis la Tour Eiffel ?

6. Qui Claire a-t-elle rencontré à la tour Eiffel ?

7. Qu'est-ce qu'Olivier et Claire avaient en commun ?

8. D'où viennent Olivier et Claire ?

9. Qu'ont fait Olivier et Claire après le déjeuner ?

10. Pourquoi Olivier a-t-il invité Claire dans sa chambre d'hôtel ?

Domande di comprensione

1. Che cosa simboleggia la Torre Eiffel per molte persone?

2. Che cosa immaginava Claire della Torre Eiffel quando era bambina?

3. Come si è sentita Claire al suo arrivo a Parigi?

4. Perché Claire ha lasciato per ultima la visita alla Torre Eiffel durante il suo soggiorno a Parigi?

5. Qual è stata la reazione di Claire alla vista della Torre Eiffel?

6. Chi ha incontrato Claire alla Torre Eiffel?

7. Che cosa avevano in comune Olivier e Claire?

8. Di dove sono Olivier e Claire?

9. Cosa hanno fatto Olivier e Claire dopo pranzo?

10. Perché Olivier ha invitato Claire nella sua stanza d'albergo?

A la plage

Après le lever du soleil, les vagues sont plus fortes et le sable au-dessus de la marée est blanc. Je marche jusqu'à la plage, **admirant** la mer et le soleil. Mes orteils sentent les rainures des coquillages. Le sable est froid sur mes orteils. Je souris et je continue. La marée est haute, alors je dois faire attention à ne pas me laisser entraîner. Je marche le long du bord de l'eau, en admirant la mer. Le lever du soleil est **magnifique**, et les vagues s'écrasent. Je me sens si paisible. J'arrive à un endroit où il y a un affleurement rocheux. Je m'assieds et je regarde les vagues. L'eau est si bleue et le ciel est si **orange**. J'ai l'impression d'être dans un rêve. Je ferme les yeux et je me contente d'écouter les vagues. Je suis restée assise pendant un long moment, jusqu'à ce que j'entende quelqu'un m'appeler.

J'ouvre les yeux et je vois ma mère marcher vers moi. Elle a un air inquiet sur le visage. Je souris et je lui fais signe, et elle **se détend**. "Je me demandais où tu étais allée", dit-elle. "Je suis contente que tu profites de la plage." Je réponds : "J'en profite." "C'est tellement beau ici." "Je sais", dit-elle. "Je venais ici tout le temps quand j'avais ton âge." "Vraiment ?" Je demande. "Ouais", répond-elle. "C'est un endroit spécial." "As-tu déjà rencontré quelqu'un de spécial ici ?" Je demande. "Oui",

In spiaggia

Dopo l'alba, le onde sono più forti e la sabbia sopra la marea è bianca. Cammino verso la spiaggia, **ammirando** il mare e il sole. Le mie dita dei piedi sentono i solchi delle conchiglie. La sabbia è fredda sulle dita dei piedi. Sorrido e continuo a camminare. La marea è alta, quindi devo fare attenzione a non farmi trascinare. Cammino lungo la riva, ammirando il mare. L'alba è **bellissima** e le onde si infrangono. Mi sento così in pace. Arrivo a un punto in cui c'è una roccia affiorante. Mi siedo e guardo le onde. L'acqua è così blu e il cielo è così **arancione**. Mi sembra di essere in un sogno. Chiudo gli occhi e ascolto le onde. Rimasi seduto lì per molto tempo, finché non sentii qualcuno che chiamava il mio nome.

Apro gli occhi e vedo mia madre che viene verso di me. Ha un'espressione preoccupata. Le sorrido e la saluto, e lei **si rilassa**. "Mi chiedevo dove fossi andata", dice. "Sono contenta che ti stia godendo la spiaggia". Io rispondo: "Lo sto facendo". "È così bello qui". "Lo so", dice. "Venivo sempre qui quando avevo la tua età". "Davvero?" Chiedo. "Sì", risponde. "È un posto speciale". "Hai mai incontrato qualcuno di speciale qui?". Le chiedo. "Sì", risponde sorridendo. "Tuo padre". "Davvero?" Dico, **sorpreso**. "Sì", dice

répond-elle avec un sourire. “Ton père.” “Vraiment ?” Je dis, **surpris**. “Oui,” dit-elle. “Nous avions l’habitude de venir ici tout le temps ensemble. C’est là que nous sommes tombés amoureux. “ Je souris, **imaginant** mes parents tombant amoureux sur cette magnifique plage. “ C’est un endroit spécial “, répète-t-elle. “Je suis contente que tu sois venu ici aujourd’hui.”

Nous restons assis là un moment de plus, à **regarder** les vagues et le coucher de soleil. Puis nous nous levons et retournons à nos serviettes de plage.
Je m’allonge et regarde les étoiles. Je me sens si heureuse et satisfaite. Les vagues sont plus fortes maintenant, et le sable est froid. Le soleil se couche et une brise fraîche souffle. Les vagues s’écrasent sur le rivage et l’odeur du sel flotte dans l’air. C’est une soirée parfaite pour être à la plage. Je me promène le long du rivage, en **écoutant le** bruit des vagues et en regardant le coucher du soleil. Je vois un groupe de personnes assises sur le sable, qui rient et plaisantent. Ils ont l’air de passer un bon moment. Je m’approche d’eux et leur demande si je peux les rejoindre. Ils acceptent et nous passons le reste de la soirée à parler, à rire et à regarder le **coucher de soleil**. C’est une soirée parfaite. Le groupe et moi parlons jusqu’au coucher du soleil. Nous partageons des histoires et des blagues, et nous passons tous un bon moment. À la tombée de la nuit, nous commençons tous à nous sentir fatigués. Nous nous embrassons et nous nous séparons.

lei. “Venivamo sempre qui insieme. È qui che ci siamo innamorati. “Sorrido, **immaginando i** miei genitori che si innamorano su questa bellissima spiaggia. “È un posto speciale”, ripete. “Sono felice che siate venuti qui oggi”.

Rimaniamo seduti ancora per un po’ a **guardare** le onde e il tramonto. Poi ci alziamo e torniamo ai nostri teli da mare. Mi sdraio e guardo le stelle. Mi sento così felice e soddisfatta. Le onde ora sono più forti e la sabbia è fredda. Il sole sta tramontando e soffia una brezza fresca. Le onde si infrangono sulla riva e nell’aria si sente l’odore del sale. È una serata perfetta per stare in spiaggia. Cammino lungo la riva, **ascoltando** il suono delle onde e guardando il tramonto. Vedo un gruppo di persone sedute sulla sabbia che ridono e scherzano. Sembra che si stiano divertendo molto. Mi avvicino a loro e chiedo se posso unirmi a loro. Mi rispondono di sì e passiamo il resto della serata a parlare, ridere e guardare il **tramonto**. È una serata perfetta. Io e il gruppo parliamo fino al tramonto. Condividiamo storie e battute e ci divertiamo molto. Quando la notte inizia a calare, cominciamo tutti a sentirci stanchi. Ci **salutiamo** con un bacio e ci separiamo.

Questions de compréhension

1. Où va la narratrice après son réveil ?

2. Qu'est-ce que la narratrice admire en marchant le long de la plage ?

3. De quoi la narratrice doit-elle se méfier lorsqu'elle marche le long de la plage ?

4. Où le narrateur s'assoit-il pour profiter de la vue ?

5. Combien de temps le narrateur reste-t-il assis là ?

6. Qui la narratrice voit-elle lorsqu'elle ouvre à nouveau les yeux ?

7. Que dit la mère du narrateur ?

8. De quoi parlent la narratrice et les personnes qu'elle rencontre ?

Domande di comprensione

1. Dove va la narratrice dopo essersi svegliata?

2. Che cosa ammira la narratrice mentre cammina lungo la spiaggia?

3. A che cosa deve fare attenzione la narratrice mentre cammina lungo la spiaggia?

4. Dove si siede il narratore per godersi il panorama?

5. Per quanto tempo il narratore rimane seduto lì?

6. Chi vede la narratrice quando riapre gli occhi?

7. Cosa dice la madre del narratore?

8. Di che cosa parlano il narratore e le persone che incontra?

Camping au lac

Je me dirige vers le lac, **admirant** la tranquillité de la scène. Le soleil tape sur le petit lac, faisant ressembler l'eau à une feuille de verre. Le seul mouvement est l'ondulation occasionnelle d'un poisson **brisant la** surface. Même les oiseaux semblent prendre une pause de la chaleur, avec seulement le son des cigales remplissant l'air. **Soudain**, la paix est rompue par un grand plouf. Un gros **poisson** a sauté hors de l'eau, essayant d'attraper une libellule. Le poisson rate sa cible et retombe dans l'eau avec un plouf. "Wow," je me dis, "c'était un gros poisson !". J'ai regardé autour de moi pour voir si quelqu'un d'autre l'avait vu, mais il n'y avait personne. Je suppose que je devrai leur dire quand je rentrerai au camp.

La chaleur est **oppressante**, il est difficile de respirer. L'air est épais et lourd, comme une couverture qui vous enveloppe. Le seul soulagement est dans l'eau. Elle est fraîche et rafraîchissante, comme une boisson fraîche par une journée chaude. Je prends une profonde inspiration et je plonge dans l'eau. Le soulagement est immédiat car l'eau fraîche m'entoure. Je nage jusqu'au fond, puis remonte à la surface, sentant l'eau refroidir mon corps. Je continue à **faire** des longueurs, appréciant le répit de la chaleur. Après un moment,

Campeggio al lago

Cammino verso il lago, **ammirando** la tranquillità della scena. Il sole batte sul piccolo lago, facendo sembrare l'acqua una lastra di vetro. L'unico movimento è l'increspatura occasionale di un pesce **che rompe** la superficie. Anche gli uccelli sembrano prendersi una pausa dal caldo, con il solo suono delle cicale che riempie l'aria. **All'improvviso**, la pace è rotta da un forte tonfo. Un grosso **pesce** è saltato fuori dall'acqua, cercando di catturare una libellula. Il pesce manca il bersaglio e ricade in acqua con un tonfo. "Wow", penso tra me e me, "quello era un pesce grosso!". Mi guardai intorno per vedere se qualcun altro l'avesse visto, ma non c'era nessuno. Immagino che dovrò raccontarlo quando tornerò al campo.

Il caldo è **opprimente** e rende difficile respirare. L'aria è densa e pesante, come una coperta che ti avvolge. L'unico sollievo è l'acqua. È fresca e rinfrescante, come una bibita fresca in una giornata calda. Faccio un respiro profondo e mi immergo nell'acqua. Il sollievo è immediato quando l'acqua fresca mi circonda. Nuoto fino al fondo e poi risalgo in superficie, sentendo l'acqua rinfrescare il mio corpo. Continuo a **nuotare** a vasche, godendomi la tregua dal caldo. Dopo un po' esco dall'acqua e mi sdraio sull'erba, lasciando

je sors de l'eau et je m'allonge sur l'herbe, laissant le soleil sécher mon corps. Je ferme les yeux et m'endors, le son des **cigales** me berce dans un profond sommeil. Je laisse le soleil faire sortir l'eau de ma peau. Je sens que ma peau devient rouge, mais je m'en fiche. J'ai trop chaud pour m'en soucier. La prochaine chose que je sais, c'est que le soleil se couche. Le ciel est d'un bel orange, avec des traces de rose et de violet. La chaleur a disparu, remplacée par une **brise** fraîche.

Je me lève et me rhabille, me sentant rafraîchie et rajeunie. Je **respire** profondément l'air frais et je souris. C'est bon d'être en vie. Je retourne au camping, en admirant la façon dont les couleurs dansent dans le ciel. Je vois le feu de camp qui brûle au loin et je peux sentir la fumée dans l'air. Je souris et j'**accélère le** pas. Je suis prête à me détendre et à profiter du reste de ma soirée. J'entre dans le camping et je vois que tout le monde est rassemblé autour du feu. Ils **rient** et plaisantent, et je peux voir le feu se refléter dans leurs yeux. Je souris et m'assois à côté de mes amis. C'est bon d'être de retour. Le lendemain matin, je me réveille tôt et je commence à préparer mes affaires. J'ai hâte de retourner sur le sentier et de poursuivre mon voyage. Je dis au revoir à mes amis et commence à m'éloigner. En marchant, je jette un dernier regard sur le **camping**. Je peux voir le feu qui brûle toujours au loin et je peux sentir la fumée dans l'air. Je souris et j'accélère le pas. Je suis prêt à poursuivre mon **voyage**.

che il sole asciughi il mio corpo. Chiudo gli occhi e mi addormento, mentre il suono delle **cicale** mi culla in un sonno profondo. Lascio che il sole scrosti l'acqua dalla mia pelle. Sento la pelle arrossarsi, ma non mi importa. Sono troppo accaldato per preoccuparmene. Il cielo è di un bellissimo arancione, con striature di rosa e viola. Il caldo è scomparso, sostituito da una fresca **brezza**.

Mi alzo e mi rivesto, sentendomi rinfrescata e ringiovanita. **Respiro** profondamente l'aria fresca e sorrido. È bello essere vivi. Torno al campeggio, ammirando il modo in cui i colori danzano nel cielo. Vedo il fuoco che arde in lontananza e sento l'odore del fumo nell'aria. Sorrido e **accelero il** passo. Sono pronto a rilassarmi e a godermi il resto della serata. Entro nel campeggio e vedo che tutti sono riuniti intorno al fuoco. **Ridono** e scherzano e posso vedere il fuoco riflesso nei loro occhi. Sorrido e mi siedo accanto ai miei amici. È bello essere tornati. La mattina dopo mi sveglio presto e comincio a raccogliere le mie cose. Sono impaziente di riprendere il cammino e continuare il mio viaggio. Saluto i miei amici e mi incammino. Mentre cammino, do un'ultima occhiata al **campeggio**. Vedo il fuoco ancora acceso in lontananza e sento l'odore del fumo nell'aria. Sorrido e accelero il passo. Sono pronto a continuare il mio **viaggio**.

Questions de compréhension

1. Où va le marcheur ?

2. Quel temps fait-il ?

3. À quoi ressemble l'eau ?

4. Comment le marcheur réagit-il à la chaleur ?

5. Que fait le poisson ?

6. Pourquoi le marcheur est-il seul ?

7. Quelle est la sensation de l'eau ?

8. Comment le marcheur se sent-il après avoir nagé ?

9. A quelle heure de la journée le déambulateur se réveille-t-il ?

10. Où va le marcheur quand il quitte le camp ?

Domande di comprensione

1. Dove sta andando il camminatore?

2. Che tempo fa?

3. Che aspetto ha l'acqua?

4. Come reagisce il deambulatore al calore?

5. Cosa sta facendo il pesce?

6. Perché il camminatore è solo?

7. Come si sente l'acqua?

8. Come si sente il camminatore dopo il nuoto?

9. A che ora del giorno si sveglia il deambulatore?

10. Dove va l'ambulante quando lascia il campo?

La Maison

J'ai emménagé dans ma nouvelle maison la semaine dernière, et je suis si **excitée** ! Elle est tellement plus grande que l'ancienne, et elle a un grand jardin. J'ai hâte d'inviter des amis pour des barbecues et des fêtes. Ce que je **préfère,** c'est ma nouvelle chambre. Elle est si grande et lumineuse, et j'ai beaucoup d'espace pour mettre toutes mes affaires. Je suis vraiment contente de ma nouvelle maison et je pense que je serai très heureuse ici. J'ai décidé d'explorer un peu plus la maison. Je suis monté au deuxième étage et j'ai commencé à me diriger vers la cuisine quand j'ai vu une grosse araignée noire sur le mur ! J'ai crié et j'ai couru en bas. J'avais tellement **peur** ! Mais après quelques minutes, je me suis calmée et j'ai décidé de retourner à l'étage. J'ai lentement fait mon chemin vers la cuisine et j'ai vu que l'araignée était partie. J'étais tellement soulagée ! Je suis redescendu et j'ai décidé de sortir pour explorer le **jardin**. Elle était si grosse ! Je n'arrivais pas à y croire. J'ai vu une balançoire dans le coin et un toboggan. J'ai aussi vu un filet de basket-ball et un **trampoline**. J'étais tellement excitée !

J'ai hâte d'utiliser tous ces nouveaux trucs. Les **voisins** sont venus et se sont présentés. Ils avaient l'air très gentils, et nous avons parlé un moment. Ils m'ont invité

La casa

La settimana scorsa mi sono trasferita nella mia nuova casa e sono così **entusiasta**! È molto più grande di quella vecchia e ha un grande cortile. Non vedo l'ora di invitare gli amici per grigliate e feste. La mia parte **preferita** è la mia nuova camera da letto. È così grande e luminosa e ho molto spazio per mettere tutte le mie cose. Sono molto contenta della mia nuova casa e penso che sarò molto felice qui. Ho deciso di esplorare ancora un po' la casa. Sono salita al secondo piano e ho iniziato a dirigermi verso la cucina quando ho visto un grosso ragno nero sul muro! Ho urlato e sono corsa di sotto. Ero così **spaventata**! Ma dopo qualche minuto mi sono calmata e ho deciso di tornare di sopra. Mi sono avvicinata lentamente alla cucina e ho visto che il ragno non c'era più. Ero così sollevata! Tornai al piano di sotto e decisi di uscire per esplorare il **giardino**. Era così grande! Non potevo crederci. Vidi un'altalena in un angolo e uno scivolo. Vidi anche una rete da basket e un **trampolino**. Ero così eccitato!

Non vedo l'ora di usare tutto questo nuovo materiale. I **vicini sono** venuti e si sono presentati. Sembravano molto gentili e abbiamo parlato per un po'. Mi hanno invitato al loro barbecue il prossimo fine settimana e ho detto che mi sarebbe piaciuto venire. La prima

à leur barbecue le week-end prochain, et j'ai dit que j'aimerais beaucoup venir. J'ai passé une excellente première semaine dans ma nouvelle maison et j'ai hâte de vivre toutes les nouvelles aventures qui m'attendent. Aujourd'hui, je vais encore aller explorer le jardin et voir ce que je peux trouver d'autre. Qui sait, peut-être vais-je même trouver un **trésor**. J'ai hâte de voir ce que la semaine prochaine nous réserve ! La semaine suivante, je suis retourné explorer le jardin et j'ai trouvé un jardin **secret**. C'était tellement beau ! Il y avait des fleurs partout et un petit étang avec des poissons dedans. J'ai aussi vu une balançoire que je n'avais jamais vue auparavant. J'étais si excitée de trouver ce jardin secret, et j'ai hâte de l'explorer davantage. C'était tellement **beau** !

Il y avait des fleurs partout et un petit étang avec des poissons dedans. J'ai aussi vu une **balançoire** que je n'avais jamais vue auparavant. J'étais si excitée de trouver ce jardin secret, et j'ai hâte de l'explorer davantage. J'ai aussi adoré ma nouvelle chambre. Elle était si grande et lumineuse, et il y avait déjà des posters de mes groupes préférés sur les murs. Je n'ai même pas eu besoin d'apporter mes propres **meubles** car il y avait déjà un lit, une commode et un bureau. Ça va être la meilleure année de ma vie ! J'étais un peu nerveux à l'idée de commencer dans une nouvelle **école**, mais tous mes nouveaux voisins ont été si gentils.

settimana nella mia nuova casa è stata fantastica e sono entusiasta di tutte le nuove avventure che mi aspettano. Oggi andrò di nuovo a esplorare il cortile per vedere cos'altro riesco a trovare. Chissà, forse troverò anche un **tesoro**. Non vedo l'ora di vedere cosa mi porterà la prossima settimana! La settimana successiva sono andata di nuovo in esplorazione nel cortile e ho trovato un giardino **segreto**. Era così bello! C'erano fiori dappertutto e un laghetto con i pesci. Ho visto anche un'altalena che non avevo mai visto prima. Ero così entusiasta di aver trovato questo giardino segreto e non vedo l'ora di esplorarlo ancora. Era così **bello**!

C'erano fiori dappertutto e un laghetto con dei pesci. Ho anche visto un'**altalena** che non avevo mai visto prima. Ero così entusiasta di aver trovato questo giardino segreto e non vedo l'ora di esplorarlo meglio. Mi è piaciuta molto anche la mia nuova stanza. Era così grande e luminosa e sulle pareti c'erano già i poster delle mie band preferite. Non ho nemmeno dovuto portare i miei **mobili**, perché c'erano già un letto, una cassettiera e una scrivania. Questo sarà l'anno migliore di sempre! Ero un po' nervosa all'idea di iniziare una nuova **scuola**, ma tutti i miei nuovi vicini sono stati così amichevoli.

Questions de compréhension

1. Où vit la personne ?

2. Comment la personne se sent-elle dans sa nouvelle maison ?

3. Quelle est la partie de la nouvelle maison que la personne préfère ?

4. Qu'est-ce que la personne a trouvé dans le jardin ?

5. Qui sont les voisins ?

6. Comment se sont passés les premiers jours de la personne dans sa nouvelle maison ?

7. Quelle est la partie de la nouvelle pièce que la personne préfère ?

8. Qu'est-ce que la personne prévoit de faire demain ?

9. Quelle a été la meilleure partie de la première semaine de la personne dans sa nouvelle maison ?

Domande di comprensione

1. Dove vive la persona?

2. Come si trova la persona nella nuova casa?

3. Qual è la parte preferita della nuova casa?

4. Che cosa ha trovato la persona nel giardino?

5. Chi sono i vicini?

6. Come sono stati i primi giorni nella nuova casa?

7. Qual è la parte preferita della nuova stanza?

8. Che cosa ha intenzione di fare domani?

9. Qual è stata la parte migliore della prima settimana nella nuova casa?

Dans le train

J'ai couru jusqu'à la gare, mais c'était trop tard. Le train était déjà parti sans moi. Je me suis sentie tellement **en colère** et **déçue** de moi-même. J'avais prévu de prendre le train pour rendre visite à mes grands-parents qui vivent à la campagne, mais je devais maintenant attendre le prochain train pendant une heure entière. J'ai décidé de me promener un peu dans la ville à la place et j'ai essayé d'oublier cette occasion manquée. En marchant, j'ai commencé à **rêver à** tous les endroits où le **train** peut vous emmener. Soudain, je n'étais plus aussi contrariée. Je suis retourné dans la gare et je n'ai pu m'empêcher de remarquer la grande locomotive rouge, blanche et bleue qui se dirigeait vers moi. Ce n'est que lorsque je vois le **conducteur** me faire signe par la fenêtre que je réalise que ce train est pour moi. Je monte dans le train et trouve mon siège, m'installant pour ce qui promet d'être un long voyage.

Alors que nous sortons de la gare, je ne peux m'empêcher de me demander où ce train va m'emmener. À travers des **champs** verts et des rivières bleues, en passant par des montagnes et des vallées, on ne sait pas où ce vieux train va aller. À la tombée de la nuit, je m'endors **paisiblement**, bercé par le mouvement **rythmique** des wagons sur les rails en

Sul treno

Corsi alla stazione ferroviaria, ma ero troppo in ritardo. Il treno era già partito senza di me. Mi sentivo così **arrabbiata** e **delusa** con me stessa. Avevo intenzione di prendere il treno per andare a trovare i miei nonni che vivono in campagna, ma ora avrei dovuto aspettare un'ora intera per il treno successivo. Decisi invece di passeggiare un po' per la città, cercando di dimenticare l'occasione persa. Mentre camminavo, ho iniziato a **sognare a occhi aperti** tutti i luoghi in cui il **treno** può portarti. Improvvisamente, non ero più così arrabbiata. Rientro in stazione e non posso fare a meno di notare la grande locomotiva rossa, bianca e blu che si dirige verso di me. Solo quando vedo il **capotreno che** mi saluta dal finestrino capisco che quel treno è per me. Salgo sul treno e trovo il mio posto, sistemandomi per quello che si preannuncia un lungo viaggio.

Mentre usciamo dalla stazione, non posso fare a meno di chiedermi dove mi porterà questo treno. Attraverso **campi** verdi e fiumi blu, passando per montagne e valli, non si sa dove andrà questo vecchio treno. Quando inizia a calare la notte, mi addormento in un sonno **tranquillo**, cullato dal movimento **ritmico** dei vagoni sui binari sottostanti. Quando arriva il mattino, apro gli occhi e scopro che siamo arrivati in una piccola città

contrebas. Quand le matin revient, j'ouvre les yeux pour constater que nous sommes arrivés dans une petite ville quelque part au milieu de nulle part. Le soleil pointe à peine à l'horizon et les habitants commencent à s'agiter dans la rue principale ; c'est un jour comme les autres ici, à l'exception d'une chose : il y a un grand panneau près de l'hôtel de ville qui dit "Bienvenue à bord". Il semble que cette petite ville nous attendait, même si nous ne sommes qu'un train de **voyageurs** ordinaire qui passe par là pour aller ailleurs. Alors que nous laissons la ville derrière nous une fois de plus, en direction d'on ne sait où, je souris à tous les visages amicaux qui nous saluent depuis ces petites maisons nichées au milieu des **terres agricoles - c**'est vraiment étonnant de voir comment quelque chose d'apparemment si ordinaire peut apporter tant de joie simplement en passant par là. Et puis, bien sûr, il y a les **enfants**.

Je me penche par la fenêtre de ma locomotive. Ils me rendent toujours si heureux avec leurs yeux brillants et leurs grands sourires. Je leur fais un signe de la main énergique avant de retourner dans ma **cabine** et de m'asseoir. La journée a déjà été longue, mais elle n'est pas encore terminée ; il reste encore quelques heures avant d'atteindre notre **destination** finale. Je sors mon livre et commence à lire, laissant le balancement rythmique du train me bercer dans un état paisible.

nel bel mezzo del nulla. Il sole fa appena capolino all'orizzonte, mentre la gente del posto inizia a girare per la Main Street; sembra un giorno come un altro, tranne che per una cosa: c'è un grande cartello affisso vicino al municipio che recita “Benvenuti a bordo!”. Sembra che questa piccola città ci stesse aspettando, anche se siamo solo un normale treno **passeggeri** di passaggio sulla nostra strada. Mentre ci lasciamo ancora una volta la città alle spalle, andando verso chissà dove, sorrido a tutte le facce amichevoli che ci salutano da quelle casette incastonate tra i **campi coltivati:** è davvero incredibile come qualcosa di così apparentemente ordinario possa portare tanta gioia semplicemente passando di lì. E poi, naturalmente, ci sono i **bambini**.

Mi affaccio al finestrino della mia locomotiva. Mi fanno sempre sentire così felice con i loro occhi lucidi e i loro grandi sorrisi. Li saluto energicamente prima di tornare nella mia **cabina** e sedermi. È stata già una lunga giornata, ma non è ancora finita; mancano ancora alcune ore per raggiungere la nostra **destinazione** finale. Tiro fuori il mio libro e inizio a leggere, lasciando che il dondolio ritmico del treno mi culli in uno stato di pace.

Questions de compréhension

1. Où va le train ?

2. Qui voyage dans le train ?

3. Quand le train part-il ?

4. Comment le protagoniste monte-t-il dans le train ?

5. D’où vient le train ?

6. Où le train va-t-il ensuite ?

7. Quand les passagers sont-ils arrivés ?

8. Que ressent le protagoniste lorsqu’il rate le train ?

9. Comment le conducteur du train réagit-il lorsqu’il voit le protagoniste ?

10. Pourquoi le protagoniste aime-t-il les trains ?

Domande di comprensione

1. Dove va il treno?

2. Chi viaggia sul treno?

3. Quando parte il treno?

4. Come fa il protagonista a salire sul treno?

5. Da dove viene il treno?

6. Dove è diretto il treno?

7. Quando sono arrivati i passeggeri?

8. Come si sente il protagonista quando perde il treno?

9. Come reagisce il macchinista quando vede il protagonista?

10. Perché al protagonista piacciono i treni?

Cuisiner le dîner

Il est 17 heures et je rentre à pied du travail. J'ai **hâte** de passer une soirée tranquille à la maison avec mon partenaire. Nous allons préparer le dîner ensemble et nous détendre pour le reste de la nuit. C'est agréable de savoir que je n'ai aucun projet ni aucune obligation ce **soir**. J'arrive à la maison et mon partenaire est déjà dans la cuisine, en train de préparer notre dîner. Ça sent **très bon** ici ! Nous bavardons tout en cuisinant, prenant des nouvelles de nos journées respectives et partageant des petites histoires de nos vies professionnelles. La cuisine est ma pièce préférée dans notre appartement. J'adore cuisiner, et j'aime particulièrement cuisiner avec mon partenaire. Nous passons toujours un bon moment ici, à rire et à plaisanter pendant que nous cuisinons. De plus, la nourriture est toujours **incroyable** lorsque nous travaillons **ensemble**.

Ce soir, nous faisons l'une de mes recettes préférées : le **poulet au** parmesan. Mon partenaire commence par paner le poulet pendant que je fais mijoter la sauce sur la **cuisinière**. Nous travaillons ensemble comme une machine bien huilée, et en peu de temps, le dîner est prêt à être servi. Nous nous asseyons à notre petite table de cuisine avec des **assiettes** remplies de poulet

Cucinare la cena

Sono le 17.00 e sto tornando a casa dal lavoro. Non vedo l'**ora** di passare una serata tranquilla a casa con il mio compagno. Cucineremo insieme la cena e poi ci rilasseremo per il resto della serata. È bello sapere che questa **sera non ho** programmi o obblighi. Arrivo a casa e il mio partner è già in cucina a preparare la cena. C'è un profumo **fantastico** qui dentro! Chiacchieriamo mentre cuciniamo, raccontandoci le nostre giornate e condividendo piccole storie della nostra vita lavorativa. La cucina è la mia stanza preferita del nostro appartamento. Adoro cucinare e soprattutto adoro farlo con il mio compagno. Ci divertiamo sempre molto qui dentro, ridendo e scherzando mentre cuciniamo. Inoltre, il cibo è sempre **incredibile** quando lavoriamo **insieme**.

Stasera prepariamo una delle mie ricette preferite di sempre: il **pollo** alla parmigiana. Il mio collega inizia a impanare il pollo, mentre io faccio cuocere la salsa sul **fuoco**. Lavoriamo insieme come una macchina ben oliata e in poco tempo la cena è pronta da servire. Ci sediamo al tavolo della nostra cucina con i **piatti** colmi di pollo alla parmigiana, pasta e insalata. Facciamo tintinnare i bicchieri e assaggiamo il primo boccone... ed è **paradisiaco**! Il pollo è croccante all'esterno ma succoso all'interno; il sugo è saporito e

au parmesan, de pâtes et de salade. Nous faisons tinter les verres et prenons notre première bouchée - et c'est **divin** ! Le poulet est croustillant à l'extérieur mais juteux à l'intérieur ; la sauce est savoureuse et parfaite ; les pâtes sont cuites al dente... tout a un goût absolument parfait ce soir. Nous savons tous les deux que c'était l'une de ces nuits où tout s'est parfaitement réuni alors que nous **savourons** chaque bouchée de notre délicieux repas. Le goût était encore meilleur que l'odeur, qui était sacrément bonne ! Nous terminons notre repas assez rapidement car aucun de nous n'a particulièrement faim aujourd'hui, mais nous prenons notre temps en dégustant quelques **verres** de vin supplémentaires tout en discutant légèrement de tel ou tel sujet. Après le dîner, nous nettoyons rapidement ensemble et passons au salon, où nous passons un moment à **nous câliner** sur le canapé en regardant la télévision.

C'est tellement agréable d'être près l'un de l'autre après une longue journée de **travail** séparé. Je me sens satisfaite. Même si la soirée n'a pas été très animée, c'était agréable de passer du temps ensemble sans avoir à quitter la maison. Nous avons regardé un film et nous nous sommes couchés tôt, **satisfaits** de notre simple soirée. C'est devenu l'une de nos activités **préférées** les soirs où nous n'avons pas envie de sortir - se détendre à la maison et profiter de la compagnie de l'autre autour d'un repas fait maison.

perfetto; la pasta è cotta al dente... tutto ha un sapore assolutamente perfetto stasera. Sappiamo entrambi che questa è stata una di quelle sere in cui tutto si è unito alla perfezione, mentre **assaporiamo** fino all'ultimo boccone il nostro delizioso pasto. Il sapore era persino migliore del profumo, che era dannatamente buono! Finiamo il pasto relativamente in fretta, visto che oggi nessuno dei due ha particolarmente fame, ma ci prendiamo tutto il tempo necessario per goderci qualche altro **bicchiere di** vino chiacchierando con leggerezza di questo e quell'argomento. Dopo cena, puliamo velocemente insieme e poi ci spostiamo in salotto, dove passiamo un po' di tempo **a coccolarci** sul divano guardando la TV.

È così bello stare vicini dopo una lunga giornata di **lavoro**. Mi sento soddisfatta. Anche se non abbiamo avuto una serata movimentata, è stato bello passare un po' di tempo insieme senza dover uscire di casa. Abbiamo guardato un film e siamo andati a letto presto, sentendoci **soddisfatti** della nostra semplice serata. Questa è diventata una delle cose che **preferiamo** fare nelle sere in cui non vogliamo uscire: rilassarci a casa e goderci la reciproca compagnia con un pasto fatto in casa.

Questions de compréhension

1. D'où vient le narrateur ?

2. Que fait le narrateur après le travail ?

3. Que mange le narrateur pour le dîner ?

4. Pourquoi le narrateur aime-t-il la cuisine ?

5. Quel genre de plat le couple cuisine-t-il ?

6. Que ressent le narrateur à la fin de la soirée ?

7. Quelle est l'activité préférée du couple ?

8. Que fait le couple quand il est fatigué ?

9. Où dorment-ils ?

10. Pourquoi le narrateur aime-t-il rester à la maison ?

Domande di comprensione

1. Da dove viene il narratore?

2. Cosa fa il narratore dopo il lavoro?

3. Cosa mangia il narratore per cena?

4. Perché al narratore piace la cucina?

5. Che tipo di piatto cucina la coppia?

6. Come si sente il narratore alla fine della serata?

7. Qual è la cosa che la coppia preferisce fare?

8. Cosa fa la coppia quando è stanca?

9. Dove dormono?

10. Perché al narratore piace stare a casa?

Walking Home

C'était une nuit **paisible** alors que je rentrais du travail. En marchant, je ne pouvais m'empêcher de sourire aux souvenirs. C'était bon d'être de retour dans mon ancien quartier. J'ai salué quelques personnes que je connaissais, et elles m'ont salué en retour. C'était bon d'être chez soi. Je suis passé devant mon ancienne école et je **me suis souvenu de** tous les bons moments que j'ai passés avec mes amis. On rentrait toujours ensemble à la maison et on parlait de notre journée. **Parfois,** on s'arrêtait pour acheter une glace ou aller au parc. C'était les meilleurs moments. Ces moments me manquent. Mais maintenant, j'ai ma propre famille et je suis heureuse de ma vie. Je suis heureux de pouvoir repenser à ces souvenirs et de sourire. Ils font partie de ma vie et je les chérirai toujours. C'était les meilleurs moments. Ils me manquent. Mais maintenant, j'ai ma propre famille et je suis heureux de ma vie. Je suis heureux de pouvoir repenser à ces **souvenirs** et de sourire. Ils font partie de ma vie et je les chérirai toujours.

Je continue à marcher, en pensant aux bons moments que j'ai passés avec mes amis. Je sais que je les reverrai bientôt. Je me dirige vers ma maison et décide

Camminare verso casa

Era una notte **tranquilla** mentre tornavo a casa dal lavoro. Mentre camminavo, non potevo fare a meno di sorridere ai ricordi. Era bello tornare nel mio vecchio quartiere. Salutai alcune persone che conoscevo e loro ricambiarono il saluto. Era bello essere a casa. Passai davanti alla mia vecchia scuola e **ricordai** tutti i bei momenti passati con i miei amici. Tornavamo sempre a casa insieme e parlavamo della nostra giornata. **A volte ci** fermavamo a prendere un gelato o andavamo al parco. Erano i momenti migliori. Mi mancano quei momenti. Ma ora ho la mia famiglia e sono felice della mia vita. Sono felice di poter guardare indietro a quei ricordi e sorridere. Sono una parte della mia vita che conserverò per sempre. Erano i tempi migliori. Mi mancano quei tempi. Ma ora ho la mia famiglia e sono felice della mia vita. Sono felice di poter guardare indietro a quei **ricordi** e sorridere. Sono una parte della mia vita che conserverò per sempre.

Continuo a camminare, pensando ai bei momenti passati con i miei amici. So che li rivedrò presto. Mi dirigo verso casa e decido di passeggiare in un parco lì vicino. Il sole sta tramontando e il cielo sta diventando di un **bel** colore arancione. Il parco è vuoto, a parte

de me promener dans un parc à proximité. Le soleil se couche et le ciel prend une **belle** couleur orange. Le parc est vide, à l'exception de quelques oiseaux qui gazouillent dans les arbres. Je prends une profonde **inspiration** et je souris. Alors que je marche dans le parc, je vois une étoile filante traverser le ciel. J'ai fait un vœu sur cette étoile et j'ai continué à marcher. Je pense à ma journée de travail et au **calme qui** y régnait. Je souris à moi-même, en pensant à la chance que j'ai d'avoir un si bon travail. Je rentre chez moi, en **sentant l'**air frais de la nuit sur ma peau. Je me sens si vivante et heureuse, profitant du simple fait de rentrer chez moi par une nuit paisible. Je me sentais si bien que j'ai commencé à **siffler**. Je suis passé devant quelques personnes dans la rue, mais elles s'occupaient toutes de leurs affaires.

J'ai tourné le coin de ma rue et j'ai vu le chat de mon voisin, M. Whiskers, assis sur mon porche. Je lui ai dit bonjour et il miaulait en retour. J'ai **déverrouillé** ma porte et je suis entrée. J'étais si heureuse d'être chez moi. J'ai enlevé mes chaussures et me suis préparée pour aller me coucher. Je me suis couchée ce soir-là, heureuse et reconnaissante, le cœur plein d'amour. J'ai dormi profondément toute la nuit, sans me soucier de rien. Je me suis réveillée d'un sommeil réparateur et j'ai été **accueillie** par le soleil qui brillait à travers ma fenêtre.

qualche uccello che cinguetta tra gli alberi. Faccio un **respiro** profondo e sorrido. Mentre cammino nel parco, vedo una stella cadente che attraversa il cielo. Esprimo un desiderio su quella stella e continuo a camminare. Penso alla mia giornata di lavoro e a quanto sia stata **tranquilla**. Sorrido tra me e me, pensando a quanto sono fortunata ad avere un lavoro così bello. Cammino verso casa, **sentendo** l'aria fresca della notte sulla mia pelle. Mi sento così viva e felice, godendomi il semplice atto di tornare a casa in una notte tranquilla. Mi sentivo così bene che iniziai a **fischiettare**. Passai accanto ad alcune persone per strada, ma tutte si facevano gli affari loro.

Svoltato l'angolo della mia strada, vidi il gatto del mio vicino, Mr. Whiskers, seduto sul mio portico. Lo salutai e lui ricambiò il miagolio. **Aprii la** porta ed entrai. Ero così felice di essere a casa. Mi tolsi le scarpe e mi preparai per andare a letto. Quella sera andai a letto felice e grata, con il cuore pieno d'amore. Dormii profondamente per tutta la notte, senza preoccuparmi di nulla. Mi svegliai da un sonno ristoratore e fui **accolta** dal sole che entrava dalla finestra.

Questions de compréhension

1. Que faisait le protagoniste au début de l'histoire ?

2. A quoi pensait le protagoniste en rentrant chez lui ?

3. Qu'est-ce que le protagoniste avait l'habitude de faire avec ses amis après l'école ?

4. Qu'est-ce que le protagoniste regrette de cette époque ?

5. Que pense le protagoniste de sa vie actuelle ?

6. Que fait le protagoniste lorsqu'il voit une étoile filante ?

7. Que ressent le protagoniste lorsqu'il rentre à pied chez lui ?

8. Que fait le protagoniste lorsqu'il rentre chez lui ?

9. Que ressent le protagoniste lorsqu'il se réveille le lendemain matin ?

Domande di comprensione

1. Cosa stava facendo il protagonista quando è iniziata la storia?

2. A cosa pensava il protagonista mentre tornava a casa?

3. Cosa faceva il protagonista con gli amici dopo la scuola?

4. Cosa manca al protagonista di quei tempi?

5. Cosa pensa il protagonista della sua vita attuale?

6. Cosa fa il protagonista quando vede una stella cadente?

7. Come si sente il protagonista quando torna a casa?

8. Cosa fa il protagonista quando torna a casa?

9. Come si sente il protagonista quando si sveglia la mattina dopo?

Le château

La famille avait toujours voulu visiter un vieux château en **Allemagne**, et elle a finalement fait le voyage. Ils n'ont pas été **déçus**. Le château était magnifique, et ils ont pris plaisir à explorer ses nombreuses pièces et couloirs. La première chose qui les frappe est l'odeur. Ils ont trouvé de la **moisissure**, de l'humidité et quelque chose d'autre qu'ils n'ont pas réussi à identifier. La deuxième chose a été le son. Les murs de pierre sont épais, mais ils n'étouffent pas complètement le son. Ils ont entendu chaque pas, chaque mot prononcé d'une voix normale, et le goutte-à-goutte occasionnel de l'eau **quelque part** au loin. Lorsque leurs yeux se sont adaptés à la faible lumière, ils ont vu des murs de pierre massifs se dresser tout autour d'eux, des tapisseries y étant suspendues en **lambeaux**. Ils se tenaient dans un immense hall avec un haut plafond soutenu par des piliers sculptés. Ils ont également adoré la vue depuis les tourelles, et les enfants ont eu beaucoup de plaisir à courir dans le parc. Le **soleil** avait commencé à se coucher lorsqu'ils ont fini d'explorer le château, et ils ont regretté de ne pas avoir apporté de **lampe de poche**. Ils ont décidé de retourner à l'entrée, mais ils se sont vite perdus. Ils errent pendant des heures, jusqu'à ce qu'ils trouvent enfin une porte qui mène à l'extérieur. Ils ont continué jusqu'à ce qu'ils **atteignent le** bout du

Il castello

La famiglia aveva sempre desiderato visitare un antico castello in **Germania** e finalmente ha intrapreso il viaggio. Non sono rimasti **delusi**. Il castello era bellissimo e si sono divertiti a esplorare le sue stanze e i suoi corridoi. La prima cosa che li colpì fu l'odore. Trovarono **muffa**, umidità e qualcos'altro che non riuscirono a definire con precisione. La seconda cosa è stata il suono. I muri di pietra sono spessi, ma non attutiscono completamente il suono. Sentirono ogni passo, ogni parola pronunciata con voce normale e l'occasionale gocciolio dell'acqua **da qualche parte** in lontananza. Quando i loro occhi si adattarono alla luce fioca, videro le massicce mura di pietra che incombevano intorno a loro, con gli arazzi appesi a **brandelli**. Si trovavano in un'enorme sala con un alto soffitto sostenuto da pilastri scolpiti. Anche a loro piaceva molto la vista che si godeva dalle torrette e i bambini si divertivano un mondo a correre per il parco. Quando finirono di esplorare il castello, il **sole** era già tramontato e si pentirono di non aver portato una **torcia**. Decisero di tornare all'ingresso, ma si persero subito. Vagarono per ore e ore, finché alla fine trovarono una porta che conduceva all'esterno. Proseguirono fino **alla** fine del corridoio e si trovarono davanti a un'imponente serie di doppie porte. Per

couloir et arrivent à un imposant ensemble de doubles portes. Ils ont beau essayer, les portes ne bougent pas. Elles cliquettent **sinistrement** mais ne bougent pas d'un pouce. On dirait que celui qui était ici avant a dû passer par là et les verrouiller de l'intérieur. Finalement, ils ont trouvé un moyen de sortir. Le soulagement les envahit alors qu'ils sortent dans l'air frais de la nuit.

Le soleil avait commencé à se coucher, et ils **regrettaient de ne pas avoir** apporté de lampe de poche. Ils ont décidé de retourner à l'entrée, mais ils se sont vite perdus. Ils ont erré pendant ce qui leur a semblé être des heures, jusqu'à ce qu'ils trouvent enfin une porte qui menait à **l'extérieur**. Le soulagement les a envahis alors qu'ils sortaient dans l'air frais de la nuit. Le lendemain soir, ils ont pris soin d'emporter une lampe de poche pour explorer le reste du château. Ils ont traversé la **cour** et sont descendus jusqu'à la rivière qui coulait derrière les murs du **château**. Alors qu'ils se promenaient, ils ont commencé à entendre des bruits étranges. On aurait dit que quelqu'un les suivait. Ils accélèrent le pas, mais les bruits deviennent plus forts et plus proches. Les membres de la famille courent vers le château aussi vite qu'ils le peuvent, et ils sont soulagés de voir que la silhouette au manteau **sombre** ne les a pas suivis.

quanto potessero, le porte non si muovevano. Scricchiolano **minacciosamente**, ma non si muovono di un millimetro. Sembrava che chiunque fosse stato qui prima dovesse essere passato di qui e averle chiuse dall'interno. Alla fine trovano una via d'uscita. Il sollievo li invade mentre escono nell'aria fresca della notte.

Il sole aveva iniziato a tramontare e si **pentirono di non aver** portato una torcia elettrica. Decisero di tornare all'ingresso, ma presto si persero. Vagarono per ore e ore, finché alla fine trovarono una porta che conduceva all'**esterno**. Il sollievo li colse quando uscirono nell'aria fresca della notte. La sera successiva si assicurarono di portare con sé una torcia per esplorare il resto del castello. Attraversarono il **cortile** e scesero fino al fiume che scorreva dietro le mura del **castello**. Mentre camminavano, cominciarono a sentire strani rumori. Sembrava che qualcuno li stesse seguendo. Accelerarono il passo, ma i rumori diventavano sempre più forti e vicini. La famiglia tornò al castello il più velocemente possibile e si accorse con sollievo che la figura con il mantello **scuro** non li aveva seguiti.

Questions de compréhension

1. Qu'a fait la famille lorsqu'elle s'est perdue dans le château ?

2. Comment la famille s'est-elle sentie quand elle a découvert que c'était juste un homme du coin ?

3. Qu'a fait l'homme qui a été arrêté ?

4. Quelle a été la sentence pour cet homme ?

5. Quel bruit la famille a-t-elle entendu pendant qu'elle marchait ?

6. Où était le personnage au manteau sombre quand la famille l'a vu ?

7. Qu'a fait la famille en rentrant dans sa chambre ?

8. Quand la famille est-elle repartie explorer le château ?

9. Quelle était la chose sur laquelle la famille n'arrivait pas à mettre le doigt ?

10. Qu'a fait la famille avant de retourner explorer le château ?

Domande di comprensione

1. Cosa fece la famiglia quando si perse nel castello?

2. Come si è sentita la famiglia quando ha scoperto che si trattava solo di un uomo del posto?

3. Che cosa ha fatto l'uomo che lo ha fatto arrestare?

4. Qual è stata la sentenza per l'uomo?

5. Quale rumore ha sentito la famiglia mentre camminava?

6. Dov'era la figura con il mantello scuro quando la famiglia lo vide?

7. Che cosa ha fatto la famiglia quando è tornata nella sua stanza?

8. Quando la famiglia è tornata a esplorare il castello?

9. Qual era la cosa che la famiglia non riusciva a capire?

10. Cosa fece la famiglia prima di tornare a esplorare il castello?

Mon jardin

Mon jardin est mon coin de paradis. J'y vais tous les jours, qu'il pleuve ou qu'il vente, et je passe du temps à m'occuper de mes plantes. J'ai un peu de **tout : des légumes**, des fruits, des fleurs, des herbes. J'ai même quelques poules qui m'aident à tenir les parasites à distance. Je commence mes journées dans le jardin en ramassant les œufs des poules. Puis je vérifie que mes légumes reçoivent suffisamment d'eau et de soleil. Je désherbe les plates-bandes et j'élimine les insectes qui pourraient **attaquer** les plantes. Une fois que **tout est** fait, je m'assois et je profite de la paix et du calme de la nature.

J'ai toujours aimé passer du temps dans mon jardin. Il y a quelque chose dans le fait d'être entouré par la nature et toute la **beauté qu**'elle a à offrir. Je trouve que c'est un endroit très paisible et apaisant. Je passe souvent du temps dans mon jardin à me détendre et à profiter du paysage. J'aime aussi travailler dans mon jardin et faire pousser des choses. J'ai un jardin d'assez bonne taille et j'aime y faire pousser toutes **sortes** de choses. Je fais pousser des fleurs, des **légumes** et des herbes aromatiques. J'ai aussi quelques arbres fruitiers qui produisent de délicieuses pommes, poires et prunes. En plus de faire pousser des choses, j'aime

Il mio giardino

Il mio giardino è il mio luogo felice. Esco ogni giorno, con la pioggia o con il sole, e passo il tempo a curare le mie piante. Ho un po' di **tutto: verdure**, frutta, fiori, erbe aromatiche. Ho anche alcune galline che mi aiutano a tenere lontani i parassiti. Inizio le mie giornate in giardino raccogliendo le uova dalle galline. Poi controllo le verdure, assicurandomi che ricevano acqua e sole a sufficienza. Diserbo le aiuole e rimuovo gli insetti che potrebbero **attaccare** le piante. Una volta sistemato **tutto**, mi siedo e mi godo la pace e la tranquillità della natura.

Ho sempre amato trascorrere del tempo nel mio giardino. C'è qualcosa nell'essere circondati dalla natura e da tutta la **bellezza che** ha da offrire. Trovo che sia un luogo molto tranquillo e rilassante. Spesso trascorro il tempo nel mio giardino rilassandomi e godendomi il paesaggio. Mi piace anche lavorare nel mio giardino e coltivare. Ho un giardino di buone dimensioni e mi piace coltivare **diverse** cose. Coltivo fiori, **verdure** ed erbe aromatiche. Ho anche alcuni alberi da frutto che producono mele, pere e prugne deliziose. Oltre a coltivare, mi piace anche passare il tempo passeggiando nel mio giardino, **ammirando** tutte le piante e gli animali che lo abitano. Negli anni

aussi passer du temps à me promener dans mon jardin, à **admirer** toutes les plantes et tous les animaux qui y vivent. J'ai passé de nombreuses heures au fil des ans à faire de mon **jardin** un endroit non seulement beau mais aussi fonctionnel. J'aime regarder les oiseaux voltiger et les écouter chanter. Parfois, je sors même un livre et je lis dans le jardin, entourée de toute la beauté que j'ai créée. Le **jardinage** est ma passion et il m'apporte tant de joie. Chaque jour dans mon jardin est un bon jour.

L'une des choses que j'aime faire, c'est cuisiner. Il est donc très **important pour moi d'**avoir un jardin d'herbes aromatiques bien garni. Le thym, le basilic, l'origan, le romarin, la sauge et la lavande sont quelques-unes des herbes que j'aime faire pousser dans mon jardin pour pouvoir les utiliser lorsque je prépare des repas pour moi ou pour mes **invités**. Une autre chose qui est importante pour moi quand il s'agit de mon jardin, c'est de m'assurer qu'il y a beaucoup de couleurs dans tout le jardin. Pour atteindre cet objectif, je cultive une grande variété de fleurs, notamment des **roses**, des lys, des marguerites, des tulipes, des impatiens, des soucis, etc. En plus d'ajouter de la couleur avec les fleurs, j'aime aussi ajouter de l'intérêt en utilisant différentes **textures** dans le jardin. Par exemple, je peux planter des fougères sous des tournesols imposants ou des hostas à **côté de** graminées ornementales hérissées.

ho trascorso molte ore a lavorare per rendere il mio **giardino** un luogo non solo bello ma anche funzionale. Mi piace osservare gli uccelli che svolazzano in giro e ascoltarli cantare. A volte tiro fuori un libro e leggo in giardino, circondata da tutta la bellezza che ho creato. Il **giardinaggio** è la mia passione e mi porta tanta gioia. Ogni giorno nel mio giardino è un buon giorno.

Una delle cose che amo fare è cucinare, quindi avere un giardino di erbe aromatiche ben fornito è molto **importante** per me. Timo, basilico, origano, rosmarino, salvia e lavanda sono solo alcune delle erbe che mi piace coltivare nel mio giardino per poterle usare quando cucino per me o per gli **ospiti**. Un'altra cosa importante per me quando si tratta del mio giardino è assicurarmi che ci sia molto colore in tutto il giardino. Per raggiungere questo obiettivo, coltivo una grande varietà di fiori, tra cui **rose**, gigli, margherite, tulipani, impatiens, calendule, ecc. Oltre ad aggiungere colore con i fiori, mi piace anche aggiungere interesse utilizzando diverse **texture** in tutto il giardino. Per esempio, potrei piantare felci sotto imponenti girasoli o hosta **accanto a** spigolose erbe ornamentali.

Questions de compréhension

1. Où se trouve le jardin de l'auteur ?

2. Combien de poulets l'auteur possède-t-il ?

3. Que fait l'auteur dans le jardin tous les jours ?

4. Pourquoi l'auteur aime-t-il le jardin ?

5. Quelles herbes l'auteur plante-t-il dans le jardin ?

6. Pourquoi est-il important pour l'auteur qu'il y ait beaucoup de couleurs dans son jardin ?

7. Comment l'auteur apporte-t-il de la variété à son jardin ?

8. Que ressent l'auteur lorsqu'il travaille dans son jardin ?

9. Qu'est-ce qui fait que l'auteur se sent connecté quand il est dans son jardin ?

10. Pourquoi chaque jour dans le jardin de l'auteur est-il un bon jour ?

Domande di comprensione

1. Dove si trova il giardino dell'autore?

2. Quanti polli ha l'autore?

3. Che cosa fa l'autore in giardino ogni giorno?

4. Perché all'autore piace il giardino?

5. Quali sono le erbe che l'autore pianta nel giardino?

6. Perché è importante per l'autore che ci siano molti colori nel suo giardino?

7. Come fa l'autore a dare varietà al suo giardino?

8. Come si sente l'autore quando lavora nel suo giardino?

9. Cosa fa sentire l'autore in sintonia quando è nel suo giardino?

10. Perché ogni giorno nel giardino dell'autore è un buon giorno?

Faire du shopping

J'adore aller **faire du shopping** au centre commercial. C'est toujours très amusant de se promener et de regarder tous les différents magasins. Il y en a pour tous les goûts au centre commercial, et c'est toujours l'endroit idéal pour trouver de bonnes affaires sur les vêtements, les chaussures et les accessoires. Je commence **généralement** mon shopping en passant par l'**entrée** principale du centre commercial. De là, je me dirige d'abord vers mes magasins préférés. Après avoir fait le tour de ces magasins, je me promène pour voir s'il y a des soldes dans d'autres endroits. Je finis généralement par passer quelques heures dans le centre commercial avant de faire mes achats. J'aime toujours prendre mon temps lorsque je fais du shopping, **car** je veux être sûre d'obtenir **exactement** ce que je veux. En plus, c'est plus amusant comme ça !

Je trouve toujours **fascinant** d'observer les gens quand je suis au centre commercial. On peut vraiment en apprendre beaucoup sur une personne par sa façon de faire ses courses. Certaines personnes sont très méthodiques et prennent leur temps, tandis que d'autres semblent prendre **tout ce qu'**elles peuvent et se diriger vers la caisse aussi vite que possible. Il y a aussi les acheteurs qui semblent plus intéressés

Fare shopping

Mi piace andare **a fare shopping al** centro commerciale. È sempre molto divertente passeggiare e guardare tutti i diversi negozi. Al centro commerciale ce n'è per tutti i gusti ed è sempre un ottimo posto per trovare offerte su vestiti, scarpe e accessori. **Di solito** inizio il mio shopping attraversando l'**ingresso** principale del centro commerciale. Da lì, mi dirigo prima verso i miei negozi preferiti. Dopo aver dato un'occhiata a quei negozi, vado in giro a vedere se ci sono saldi in corso in altri posti. Di solito trascorro un paio d'ore nel centro commerciale prima di fare i miei acquisti. Mi piace sempre prendermi il tempo necessario per fare shopping**, perché** voglio essere sicura di acquistare **esattamente** ciò che voglio. In più, così è più divertente!

Trovo sempre molto **affascinante** osservare le persone mentre sono al centro commerciale. Si può capire molto di una persona dal modo in cui fa acquisti. Alcune persone sono molto metodiche e si prendono il loro tempo, mentre altre sembrano prendere **tutto quello che** possono e dirigersi alla cassa il più velocemente possibile. Ci sono anche quelli che sembrano più interessati a parlare al cellulare o a mandare messaggi piuttosto che guardare la merce! A prescindere dal tipo

à parler au téléphone portable ou à envoyer des SMS qu'à regarder la marchandise ! Quel que soit le type d'acheteur, tout le monde semble apprécier le lèche-vitrine, même si vous n'achetez rien. Il y a quelque chose qui me rend heureuse dans le fait de regarder toutes ces jolies choses dans les **vitrines des magasins**. Parfois, je m'imagine comment ce serait si je pouvais m'offrir **tout ce que** je vois ! En fin de compte, passer une journée à faire du shopping au centre commercial est l'un de mes passe-temps favoris. C'est un excellent moyen de se détendre et de se relaxer tout en faisant un peu d'exercice (si vous marchez suffisamment). Et puis, c'est **toujours** agréable de s'offrir une nouvelle chemise ou une nouvelle paire de chaussures de temps en temps !

J'ai eu une **longue** journée de travail et j'ai enfin eu du temps pour moi, alors j'ai décidé d'aller faire du shopping au centre commercial. J'avais besoin de nouveaux vêtements pour la saison **à venir**. Dès que je suis entrée, j'ai vu toutes les lumières vives et les façades brillantes des magasins. Je me suis dirigée vers mon magasin préféré en premier et j'ai commencé à parcourir les rayons. J'ai trouvé quelques jolis hauts et les ai essayés dans la cabine d'essayage. Alors que je me regardais dans le miroir, j'ai entendu quelqu'un entrer dans la cabine d'**essayage** à côté de la mienne. J'ai reconnu sa voix comme étant celle d'un de mes collègues de travail.

di acquirente, però, sembra che a tutti piaccia guardare le vetrine, anche se non si compra nulla. C'è qualcosa che mi rende felice nel guardare tutte le belle cose nelle **vetrine** dei negozi. A volte fantastico su come sarebbe se potessi permettermi **tutto quello che** vedo! Tutto sommato, trascorrere una giornata di shopping al centro commerciale è uno dei miei passatempi preferiti. È un ottimo modo per rilassarsi e distendersi, facendo anche un po' di esercizio fisico (se si cammina abbastanza). Inoltre, è **sempre** bello concedersi una camicia o un paio di scarpe nuove ogni tanto!

Ho avuto una **lunga** giornata di lavoro e finalmente avevo un po' di tempo per me, così ho deciso di andare a fare shopping al centro commerciale. Mi servivano dei vestiti nuovi per la **prossima** stagione. Appena sono entrata, ho visto tutte le luci e le vetrine scintillanti. Mi sono diretta prima al mio negozio preferito e ho iniziato a sfogliare gli scaffali. Ho trovato alcuni top carini e li ho provati nel camerino. Mentre mi guardavo allo specchio, sentii qualcuno entrare nel **camerino** accanto al mio. Ho riconosciuto la sua voce come quella di una mia collega.

Questions de compréhension

1. Où aimez-vous le plus stocker ?

2. Quel est votre magasin préféré dans le centre commercial ?

3. Combien de temps restez-vous habituellement au centre commercial ?

4. Que pensez-vous des personnes qui passent beaucoup de temps au centre commercial ?

5. Quelle est votre activité préférée au centre commercial ?

6. Avez-vous déjà acheté quelque chose au centre commercial alors que vous n'en aviez pas vraiment besoin ?

7. Comment réagissez-vous lorsque vous voyez au centre commercial un article que vous aimeriez vraiment, mais qui est trop cher ?

8. Avez-vous déjà vu quelque chose au centre commercial en vous demandant qui l'achèterait ?

9. Que pensez-vous des personnes qui sont occupées avec leur téléphone portable dans les centres commerciaux au lieu de regarder les magasins ?

Domande di comprensione

1. Dove vi piace di più conservare?

2. Qual è il vostro negozio preferito nel centro commerciale?

3. Quanto tempo si ferma di solito al centro commerciale?

4. Cosa pensa delle persone che trascorrono molto tempo al centro commerciale?

5. Qual è la cosa che preferite fare al centro commerciale?

6. Avete mai comprato qualcosa al centro commerciale quando non ne avevate davvero bisogno?

7. Come reagite quando al centro commerciale vedete qualcosa che vi piacerebbe molto, ma che costa troppo?

8. Avete mai visto qualcosa al centro commerciale e vi siete chiesti chi lo avrebbe comprato?

9. Qual è la sua opinione sulle persone che al centro commerciale sono impegnate con il cellulare invece di guardare i negozi?

Au marché

Je me réveille tôt le samedi matin, impatiente de me rendre au **marché** avant qu'il ne soit trop fréquenté. Je m'habille et je sors, en prenant mes sacs réutilisables en chemin. En marchant, je commence à planifier ce que je veux faire pour la semaine à venir. Je sais que je veux faire **rôtir des** légumes au moins une fois, donc je vais devoir acheter des légumes de bonne qualité. Je veux aussi faire une soupe ou un ragoût, et je vais donc devoir acheter de la viande. Je verrai bien ce qui me semble bon quand je serai sur place. Le marché n'est qu'à quelques rues de là, et je vois déjà les étals installés et les **gens qui** s'agitent.

J'arrive au marché et me dirige directement vers le stand des légumes. La sélection est magnifique, et je remplis mes sacs d'une variété de produits **frais**. Je discute un peu avec le fermier et il me recommande quelques recettes. J'ai hâte de les essayer. Je discute avec les **agriculteurs** pendant que je fais mes courses, pour apprendre à les connaître et à connaître leurs produits. Après avoir acheté tous les légumes dont j'ai besoin, je passe à la section des viandes. Je suis un peu plus hésitante, car je ne suis pas sûre de ce que je veux acheter. J'opte finalement pour du poulet, car il est polyvalent et peut être utilisé dans de nombreux

Al mercato

Mi sveglio presto il sabato mattina, desiderosa di andare al **mercato** prima che sia troppo affollato. Mi infilo i vestiti e mi avvio verso la porta, prendendo le mie borse riutilizzabili. Mentre cammino, inizio a pianificare quello che voglio fare per la settimana a venire. So che voglio **arrostire le** verdure almeno una volta, quindi dovrò comprare delle verdure di buona qualità. Voglio anche fare una zuppa o uno stufato, quindi dovrò comprare anche della carne. Dovrò vedere cosa c'è di buono quando arriverò lì. Il mercato è a pochi isolati di distanza e vedo già le bancarelle allestite e la **gente** che vi si aggira.

Arrivo al mercato e mi dirigo subito verso il banco delle verdure. La scelta è bellissima e riempio le mie borse con una grande varietà di prodotti **freschi**. Parlo un po' con il contadino e mi consiglia alcune ricette. Non vedo l'ora di provarle. Mentre faccio la spesa, chiacchiero con i **contadini** per conoscere meglio loro e i loro prodotti. Dopo aver preso tutte le verdure che mi servono, passo al reparto carne. Qui sono un po' più titubante, perché non sono sicuro di quello che voglio prendere. Alla fine scelgo il pollo, perché è versatile e può essere utilizzato in diversi piatti. Compro anche alcuni tagli di carne diversi, assicurandomi di prendere

plats. J'achète également quelques morceaux de viande différents, en veillant à prendre du bœuf nourri à l'herbe et du **poulet** élevé en plein air. Le boucher est un homme sympathique, toujours de bonne humeur malgré ses longues heures de travail. Il a emballé mes blancs de poulet et mon steak avant de me parler de ses projets pour le week-end. Je lui ai dit au revoir et j'ai continué mon chemin. J'ai également acheté des œufs et du fromage au rayon produits laitiers.

Le marché grouille de gens, tous impatients de mettre la **main sur les** produits frais et la viande proposés. L'odeur de l'ail et des oignons flottait dans l'air, et le son des rires et des conversations était omniprésent. Je me suis frayé un chemin dans la foule, en choisissant les autres articles dont j'avais besoin pour mes courses de la semaine. J'ai rempli mon **panier** de fruits et légumes, de pâtes et de pain, avant de me diriger vers la caisse. La file d'attente est longue, mais elle avance rapidement. Enfin, j'ai acheté les dernières **provisions et il est** temps de rentrer à la maison. La voiture est chargée, et le chemin du retour est long et fastidieux. La circulation est dense et la chaleur est accablante. Finalement, la voiture se gare dans l'allée et le soulagement est palpable. La maison était fraîche et calme, et c'était un havre de paix après l'**agitation** du marché. Tout a été rangé, et la maison a rapidement retrouvé sa tranquillité habituelle.

carne di manzo nutrita con erba e **pollo** allevato all'aperto. Il macellaio era un uomo cordiale, sempre allegro nonostante le lunghe ore di lavoro. Mi ha incartato i petti di pollo e la bistecca prima di parlarmi dei suoi programmi per il fine settimana. Lo salutai e proseguii per la mia strada. Ho preso anche delle uova e del formaggio dal reparto latticini.

Il mercato era pieno di gente, tutti desiderosi di mettere le **mani sui** prodotti freschi e sulla carne che venivano offerti. Nell'aria si sentiva l'odore dell'aglio e delle cipolle, e il suono delle risate e delle conversazioni riempiva l'aria. Mi feci strada tra la folla, scegliendo gli altri articoli necessari per la mia spesa settimanale. Riempii il mio **cestino** di frutta e verdura, pasta e pane, prima di dirigermi alla cassa. La fila era lunga, ma si snodava rapidamente. Finalmente gli ultimi acquisti furono fatti ed era ora di tornare a casa. L'auto fu caricata e il viaggio verso casa fu lungo e noioso. Il traffico era intenso e il caldo opprimente. Alla fine l'auto entrò nel vialetto e il sollievo fu palpabile. La casa era fresca e silenziosa ed era un rifugio dopo il **trambusto** del mercato. Tutto fu messo a posto e la casa tornò presto alla sua solita pace e tranquillità.

Questions de compréhension

1. Où la personne se rend-elle ?

2. Que veut acheter la personne ?

3. Combien de sacs la personne possède-t-elle ?

4. A quelle distance se trouve le marché ?

5. Que fait la personne en ce moment ?

6. Que se passe-t-il sur le marché ?

7. Combien y a-t-il de personnes sur le marché ?

8. Combien de temps a-t-il fallu à la personne pour tout acheter ?

9. Comment la personne est-elle rentrée chez elle ?

10. Qu'a fait la personne en rentrant chez elle ?

Domande di comprensione

1. Dove sta andando la persona?

2. Cosa vuole comprare la persona?

3. Quante borse ha la persona?

4. Quanto è lontano il mercato?

5. Cosa sta facendo la persona in questo momento?

6. Che cos'è il mercato?

7. Quante persone ci sono nel mercato?

8. Quanto tempo ha impiegato la persona a comprare tutto?

9. Come è tornata a casa la persona?

10. Cosa ha fatto la persona quando è tornata a casa?

Dans un café

C'était un matin d'**automne** frisquet, et j'avais donné rendez-vous à mon amie Lily dans notre café préféré pour prendre un café. Je me suis enveloppée chaudement dans mon manteau et mon écharpe et je suis partie. Les feuilles tombaient des arbres et l'air était glacial, mais le soleil brillait et la journée promettait d'être magnifique. En marchant, j'ai **pensé** à quel point c'était bien d'avoir une amie comme Lily. Nous étions amies depuis des années, depuis notre rencontre à l'**université**. Nous nous sommes liées par notre amour du café et du temps passé à discuter dans les cafés. Même si nous vivions dans des quartiers différents de la ville, nous nous retrouvions pour prendre un café une fois par semaine. Je suis arrivé au café, et Lily était déjà là, à m'attendre. Nous nous sommes embrassées et avons commandé nos cafés. Nous avons trouvé une table près de la fenêtre et nous nous sommes installées pour discuter. Le **café** était délicieux, comme toujours, et c'était si agréable de rattraper le temps perdu avec Lily. Nous avons parlé de notre semaine, de nos emplois et de nos projets pour l'avenir. C'était toujours si facile de parler à Lily, et j'avais l'impression que je pouvais tout lui dire. Après un moment, nous avons commencé à avoir faim et **avons décidé** de commander de la nourriture.

In un caffè

Era una fredda mattina **d'autunno** e avevo fissato un appuntamento con la mia amica Lily al nostro bar preferito per un caffè. Mi avvolsi al caldo nel cappotto e nella sciarpa e mi avviai. Le foglie cadevano dagli alberi e l'aria era pungente, ma il sole splendeva e prometteva di essere una bella giornata. Mentre camminavo, **pensavo** a quanto fosse bello avere un'amica come Lily. Eravamo amiche da anni, da quando ci eravamo conosciute all'**università**. Avevamo legato per il nostro amore per il caffè e per il tempo trascorso a chiacchierare nei bar. Anche se ora vivevamo in zone diverse della città, riuscivamo comunque a vederci per un caffè una volta alla settimana. Arrivai al caffè e Lily era già lì ad aspettarmi. Ci salutammo con un abbraccio e poi ordinammo i nostri caffè. Trovammo un tavolo vicino alla finestra e ci sedemmo a chiacchierare. Il **caffè** era delizioso, come sempre, ed è stato così bello recuperare il tempo perduto con Lily. Parlammo della nostra settimana, dei nostri lavori e dei nostri progetti per il futuro. Era sempre così facile parlare con Lily e mi sembrava di poterle dire tutto. Dopo un po' cominciammo ad avere fame e **decidemmo** di ordinare qualcosa da mangiare.

Ordinammo il cibo e trovammo posto vicino alla

Nous avons **commandé notre** nourriture et trouvé un siège près de la fenêtre. Le soleil brillait à travers la fenêtre, rendant le tout chaleureux et joyeux. Nous avons bavardé en mangeant, appréciant le simple plaisir d'être en **compagnie de l'autre**. Le café était occupé, mais il n'y avait pas foule. Il y avait un sentiment de paix et de satisfaction dans l'air. Après avoir terminé notre repas, nous sommes restés assis un peu plus longtemps, profitant de l'**atmosphère** paisible. Nous avons parlé pendant un moment de différentes choses qui avaient eu lieu dans nos vies. C'était si agréable de rattraper le temps perdu avec mon ami et de **se détendre**. Le soleil brillait à travers la fenêtre, et c'était comme si **rien ne** pouvait gâcher notre journée parfaite.

Soudain, j'ai entendu un grand fracas. Je me suis retourné pour voir qu'un homme était passé à travers le plafond et était étendu sur le sol devant nous. Il était **couvert** de poussière et de débris et semblait être inconscient. Mon ami et moi étions tous deux sous le choc en regardant l'homme allongé sur le sol. Nous ne savions pas quoi faire ni qui appeler à l'aide. Nous sommes restés assis là, à le regarder, sans savoir quoi faire. Au bout de quelques minutes, je me suis ressaisie et j'ai appelé le 911. L'opérateur m'a dit que quelqu'un arriverait bientôt. J'ai raccroché le téléphone et j'ai raconté à mon ami ce que l'**opérateur avait** dit.

finestra. Il sole entrava dalla finestra, rendendo tutto più caldo e felice. Chiacchierammo mentre mangiavamo, godendoci il semplice piacere di stare in **compagnia**. Il caffè era affollato, ma non sembrava affollato. C'era una sensazione di pace e soddisfazione nell'aria. Finito il cibo, ci sedemmo ancora per un po', godendoci l'**atmosfera** tranquilla. Abbiamo parlato per un po' di cose diverse che stavano accadendo nelle nostre vite. È stato così bello recuperare il tempo perduto con la mia amica e **rilassarsi**. Il sole splendeva attraverso la finestra e sembrava che **nulla** potesse rovinare la nostra giornata perfetta.

All'improvviso sentii un forte schianto. Mi girai e vidi che un uomo era caduto dal soffitto e giaceva sul pavimento di fronte a noi. Era **coperto** di polvere e detriti e sembrava privo di sensi. Io e il mio amico eravamo entrambi sotto shock mentre fissavamo l'uomo steso sul pavimento. Non sapevamo cosa fare o chi chiamare aiuto. Rimanemmo lì a fissarlo, senza sapere cosa fare. Dopo qualche minuto mi sono ripreso e ho chiamato il 911. L'operatore mi disse che qualcuno sarebbe arrivato presto. Riattaccai il telefono e raccontai al mio amico quello che mi aveva detto l'**operatore**.

Questions de compréhension

1. D'où vient l'homme qui tombe à travers le toit ?

2. Pourquoi la femme est-elle avec son ami dans le café ?

3. Quel est le café préféré des deux amis ?

4. Depuis combien de temps les deux amis se connaissent-ils ?

5. Quelle est la boisson préférée des deux amis ?

6. Dans quelle ville vivent les deux amis ?

7. Combien de fois les deux amis se rencontrent-ils ?

8. De quoi parlent les deux amis lorsqu'ils se rencontrent pour la première fois dans leur café préféré ?

9. Quel est le plat préféré des deux amis ?

10. Pourquoi c'est si facile de parler à Lily ?

Domande di comprensione

1. Da dove viene l'uomo che cade dal tetto?

2. Perché la donna è con la sua amica nel caffè?

3. Qual è il caffè preferito dai due amici?

4. Da quanto tempo i due amici si conoscono?

5. Qual è la bevanda preferita dai due amici?

6. In quale città vivono i due amici?

7. Quanto spesso si incontrano i due amici?

8. Di cosa parlano i due amici quando si incontrano per la prima volta nel loro caffè preferito?

9. Qual è il cibo preferito dai due amici?

10. Perché è così facile parlare con Lily?

Aller nager

La piscine était toujours un endroit **rafraîchissant**, et aujourd'hui n'était pas différent. Le soleil brillait et l'eau semblait invitante. J'ai pris une profonde inspiration et j'ai plongé, sentant l'étreinte fraîche de l'eau. J'ai fait des longueurs pendant un moment, appréciant l'exercice et la possibilité de me vider la tête. Au bout d'un moment, je suis sorti et me suis séché, puis je me suis assis sur une serviette pour me détendre au soleil. J'ai fermé les yeux et laissé la **chaleur** m'envahir, sentant mes muscles se détendre. Soudain, j'ai entendu une éclaboussure et j'ai ouvert les yeux pour voir ma petite sœur **pagayer dans la** partie peu profonde. J'ai souri et je l'ai regardée pendant un moment, puis je me suis levée et je suis allée vers elle. Nous avons bavardé un peu et pataugé ensemble, appréciant la compagnie de l'autre. Nos parents nous ont bientôt rejoints et nous avons passé le reste de l'après-midi à nager et à jouer ensemble. C'était toujours très agréable de passer du temps avec la famille à la piscine. Il y a **quelque chose** dans le fait d'être dans l'eau qui semble rassembler les gens. Peut-être est-ce parce que nous sommes tous égaux lorsque nous sommes dans l'eau - nous ne pouvons pas cacher nos défauts ou prétendre être ce que nous ne sommes pas. Ou peut-être est-ce simplement parce que c'est amusant ! **Quelle que**

Andare a nuotare

La piscina era sempre un luogo **rinfrescante** e oggi non era diverso. Il sole splendeva e l'acqua sembrava invitante. Feci un respiro profondo e mi tuffai, sentendo il fresco abbraccio dell'acqua. Nuotai per un po', godendomi l'esercizio e la possibilità di schiarirmi le idee. Dopo un po' uscii e mi asciugai, poi mi sedetti su un asciugamano per rilassarmi al sole. Chiusi gli occhi e lasciai che il **calore** mi avvolgesse, sentendo i miei muscoli iniziare a rilassarsi. All'improvviso sentii uno spruzzo e aprii gli occhi per vedere la mia sorellina **che sguazzava** nel basso fondale. Sorrisi e la osservai per un po', poi mi alzai e mi avvicinai a lei. Chiacchierammo per un po' e pagaiarono insieme, godendo della reciproca compagnia. Presto i nostri genitori ci raggiunsero e passammo il resto del pomeriggio nuotando e giocando insieme. Era sempre così bello passare del tempo con la famiglia in piscina. C'è **qualcosa** nello stare in acqua che sembra unire le persone. Forse perché quando siamo in acqua siamo tutti uguali, non possiamo nascondere i nostri difetti o fingere di essere ciò che non siamo. O forse è solo perché è divertente! **Qualunque sia** la ragione, mi ha fatto piacere che ci siamo riuniti tutti insieme e che ci siamo goduti la reciproca compagnia in un luogo così speciale.

soit la raison, j'étais simplement heureuse que nous puissions tous nous réunir et profiter de la compagnie des autres dans un endroit aussi spécial.

Le soleil tapait sur ma peau et l'odeur du chlore flottait dans l'air. J'entendais le bruit des enfants qui riaient et barbotaient dans la piscine. J'étais allongé sur une chaise **longue près de la** piscine, profitant du soleil et **de la** journée. J'avais les yeux fermés et j'étais sur le point de m'endormir lorsque j'ai entendu quelqu'un s'approcher de moi. J'ai ouvert les yeux et j'ai vu une femme debout à côté de moi. Elle portait un bikini et avait une serviette enroulée autour de sa taille. Elle avait de longs cheveux blonds et des yeux bleus. Elle tenait une bouteille de **crème solaire** dans sa main. "Ça te dérange si je mets de la crème solaire sur ton dos ?" a-t-elle demandé. "Non, ça va", ai-je répondu, en me redressant pour qu'elle puisse atteindre mon dos. J'ai senti ses mains sur ma peau alors qu'elle appliquait la crème solaire.

Il sole batteva sulla mia pelle e l'odore di cloro era nell'aria. Sentivo il rumore dei bambini che ridevano e sguazzavano nella piscina. Ero sdraiata su una sedia a **sdraio** accanto alla piscina, a prendere il sole e a **godermi la** giornata. Avevo gli occhi chiusi e stavo per addormentarmi quando sentii qualcuno avvicinarsi a me. Aprii gli occhi e vidi una donna in piedi accanto a me. Indossava un bikini e aveva un asciugamano avvolto intorno alla vita. Aveva lunghi capelli biondi e occhi azzurri. Aveva in mano un flacone di **crema solare**. "Ti dispiace se ti metto un po' di crema solare sulla schiena?", mi chiese. "No, va bene", risposi, sedendomi in modo che potesse raggiungermi la schiena. Sentii le sue mani sulla mia pelle mentre applicava la crema solare.

Questions de compréhension

1. Où se trouvait le narrateur lorsqu'il a commencé l'histoire ?

2. Que sent le narrateur lorsqu'il ouvre les yeux ?

3. Qu'entend le narrateur lorsqu'il ouvre les yeux ?

4. A qui la femme donne-t-elle de la crème solaire au narrateur ?

5. De quoi le narrateur rêve-t-il ?

6. Pourquoi la baignade dans la mer est-elle si spéciale pour le narrateur ?

7. quelle est la sensation de l'eau dans laquelle nage le narrateur ?

8. Que voit le narrateur quand il sort de l'eau ?

9. Que fait la femme après avoir mis la crème solaire sur le narrateur ?

10. De quoi le narrateur et la femme parlent-ils à la fin de l'histoire ?

Domande di comprensione

1. Dove si trovava il narratore quando ha iniziato la storia?

2. Che odore sente il narratore quando apre gli occhi?

3. Cosa sente il narratore quando apre gli occhi?

4. Di chi è la crema solare che la donna dà al narratore?

5. Che cosa sogna il narratore?

6. Perché il bagno in mare è così speciale per il narratore?

7.Come si sente l'acqua in cui nuota il narratore?

8. Cosa vede il narratore quando esce dall'acqua?

9. Cosa fa la donna dopo aver messo la crema solare al narratore?

10. Di che cosa parlano il narratore e la donna alla fine della storia?

Tonte de la pelouse

Il est 10 heures du matin, un **samedi d'**été, et le soleil tape déjà sans pitié. Vous vous frayez un chemin jusqu'au garage pour aller chercher la tondeuse à gazon, avec l'impression d'être **condamné** aux travaux forcés. Vous commencez à tondre la pelouse, en veillant à aller doucement pour ne pas manquer d'endroits. Pendant que vous tondez, vous pensez à tout le bien que cela fait d'être dehors à l'air frais. Alors que vous commencez à pousser la tondeuse d'avant en arrière sur la pelouse, vous apercevez votre voisin du coin de l'**œil**. Vous lui faites signe et lui dites bonjour, et il vous répond.

Après quelques minutes, vous avez terminé, et vous vous rendez chez votre voisin pour prendre une bière avec lui dans le jardin de devant. C'est une journée **parfaite**, il ne fait pas trop chaud et une légère brise souffle. Vous êtes assis à l'ombre de l'arbre, sirotant votre bière et discutant avec votre voisin. Ce sont des jours comme celui-ci qui vous font apprécier l'été. Puis vous rentrez à l'intérieur pour prendre une bière bien méritée. Vous vous installez sur une chaise sous le porche et ouvrez la canette en poussant un soupir de satisfaction. Le bruit de la tondeuse s'estompe et vous vous détendez à l'ombre, profitant de la **tranquillité**

Tagliare il prato

Sono le 10 del mattino di un **sabato** estivo e il sole picchia già senza pietà. Si va in garage a prendere il tosaerba, con la sensazione di essere **condannati** ai lavori forzati. Iniziate a tagliare il prato, facendo attenzione ad andare piano per non perdere nessun punto. Mentre si taglia, si pensa a quanto sia bello stare all'aria aperta. Mentre iniziate a spingere il tosaerba avanti e indietro per il prato, con la coda dell'**occhio** vedete il vostro vicino. Lo salutate con la mano e lui ricambia.

Dopo qualche minuto, avete finito e vi recate a casa del vostro vicino per bere una birra con lui nel giardino davanti a casa. È una giornata **perfetta**: non fa troppo caldo e soffia una leggera brezza. Ci si siede all'ombra dell'albero, sorseggiando la birra e chiacchierando con il vicino. Sono giornate come questa che fanno apprezzare l'estate. Poi si **entra** in casa per una meritata birra. Ci si sdraia su una sedia del portico e si apre la lattina, tirando un sospiro soddisfatto. Il rumore del tosaerba passa in secondo piano mentre vi rilassate all'ombra, godendovi la **tranquillità del** momento. La birra ha un sapore ancora più buono dopo tutto quel duro lavoro al caldo. Stavo per rientrare in casa quando ho sentito un rumore nella stanza accanto.

du moment. La bière a un goût extra bon après tout ce dur travail dans la chaleur. J'étais sur le point de rentrer quand j'ai entendu un bruit à côté.

On aurait dit que quelqu'un pleurait. J'ai arrêté de tondre et j'ai marché jusqu'à la clôture qui séparait nos jardins. J'ai jeté un coup d'œil par-dessus et j'ai vu ma voisine, Mme Johnson, pleurer sur sa balançoire sous le porche. Je l'ai appelée, mais elle ne m'a pas entendue. J'ai escaladé la clôture et j'ai marché jusqu'à elle. "Mme Johnson, vous allez bien ?" J'ai demandé. Elle a levé les yeux vers moi, les larmes aux yeux, et a secoué la tête. "Non, je ne vais pas bien", a-t-elle dit. "Mon chat est mort hier." J'étais choquée. Je n'ai pas su quoi dire. Je suis restée là, maladroitement, sans savoir quoi faire. Finalement, j'ai posé ma main sur son **épaule** et j'ai dit : "Je suis vraiment désolée, Mme Johnson. Si je peux faire quelque chose pour vous aider, faites-le moi savoir". "Elle a secoué la tête et a dit : "Non, il **n'y a rien que** personne ne puisse faire". Puis elle s'est levée et est entrée dans sa maison. Je suis resté là un moment, ne sachant pas quoi faire. Puis je suis retourné tondre ma pelouse. En terminant, je n'ai pu m'empêcher de penser à Mme Johnson et à son chat.

Sembrava che qualcuno stesse piangendo. Smisi di falciare e mi avvicinai alla recinzione che separava i nostri cortili. Mi affacciai e vidi la mia vicina, la signora Johnson, che piangeva sul dondolo del suo portico. La chiamai, ma non mi sentì. Scavalcai la recinzione e mi avvicinai a lei. "Signora Johnson, sta bene?". Le chiesi. Lei mi guardò con le lacrime agli occhi e scosse la testa. "No, non sto bene", disse. "Ieri è morto il mio gatto". Ero scioccato. Non sapevo cosa dire. Rimasi lì impacciato, senza sapere cosa fare. Alla fine le misi una mano sulla **spalla** e dissi: "Mi dispiace molto, signora Johnson. Se posso fare qualcosa per aiutarla, me lo faccia sapere". "Lei scosse la testa e disse: "No, nessuno può fare **niente**". Poi si alzò ed entrò in casa sua. Rimasi lì per un momento, senza sapere cosa fare. Poi tornai a tagliare il prato. Mentre finivo, non potei fare a meno di pensare alla signora Johnson e al suo gatto.

Questions de compréhension

1. Quelle heure est-il ?

2. Où se trouve la personne qui tond ?

3. Comment la personne se sent-elle ?

4. Pourquoi la personne doit-elle tondre lentement ?

5. Quel temps fait-il ?

6. Que fait la personne après avoir fauché ?

7. Qu'entend la personne avant de rentrer chez elle ?

8. Qui est avec Mme Johnson ?

9. Pourquoi Mme Johnson pleure-t-elle ?

10. Que dit la personne à Mme Johnson ?

Domande di comprensione

1. Che ora è?

2. Dove si trova la persona che sta falciando?

3. Come si sente la persona?

4. Perché la persona deve falciare lentamente?

5. Che tempo fa?

6. Cosa fa la persona dopo la falciatura?

7. Cosa sente la persona prima di tornare a casa?

8. Chi è con la signora Johnson?

9. Perché la signora Johnson piange?

10. Cosa dice la persona alla signora Johnson?

Se faire couper les cheveux

Cela faisait des semaines que je voulais me faire couper les cheveux, mais j'arrivais toujours à remettre ça à plus tard. Mais à l'approche de **Noël, je** savais que je ne pouvais plus attendre. Je ne voulais pas me présenter au dîner de Noël de ma famille avec une coiffure débraillée. Alors, tôt le matin de Noël, je me suis rendue au salon. Même s'il était tôt, le salon était déjà occupé par d'autres personnes qui **se faisaient** coiffer pour les fêtes. J'ai pris ma place dans la file d'attente et j'ai attendu mon tour. Enfin, c'était mon tour sur la chaise. La styliste, une femme sympathique nommée Jill, m'a demandé ce que je voulais. "Juste une coupe, rien de trop radical", ai-je répondu. Jill s'est mise au travail, coupant mes cheveux. Pendant qu'elle travaillait, j'ai commencé à me détendre. C'était bon de prendre enfin soin de moi. J'avais été tellement occupé ces derniers temps, à courir partout pour m'occuper de tout le monde, que j'avais laissé mes propres besoins de côté. Mais plus **maintenant**. A partir de maintenant, j'allais prendre du temps pour moi.

Lorsque Jill a terminé, je me suis regardée dans le miroir et j'étais ravie de ce que je voyais. Mes cheveux

Tagliarsi i capelli

Erano settimane che volevo tagliarmi i capelli, ma in qualche modo riuscivo sempre a rimandare. Ma con il **Natale** alle porte, sapevo che non potevo più rimandare. Non volevo presentarmi alla cena di Natale della mia famiglia con un aspetto trasandato. Così, la mattina presto di Natale, mi sono recata al salone. Anche se era presto, il salone era già pieno di persone che **si facevano** fare i capelli per le feste. Presi posto nella fila e aspettai il mio turno. Finalmente arrivò il mio turno sulla poltrona. La parrucchiera, una donna gentile di nome Jill, mi chiese cosa volessi. “Solo una spuntatina, niente di troppo drastico”, risposi. Jill si mise al lavoro, tagliando i miei capelli. Mentre lavorava, cominciai a rilassarmi. Mi sentivo bene a prendermi finalmente cura di me stessa. Ultimamente ero stata così occupata a correre in giro per prendermi cura di tutti gli altri, che avevo lasciato cadere in secondo piano i miei bisogni. Ma **ora** non **più**. D’ora in poi avrei trovato il tempo per me stessa.

Quando Jill ha finito, mi sono guardata allo specchio e sono rimasta soddisfatta di ciò che ho visto. I miei capelli avevano un aspetto ordinato e curato, perfetto

étaient soignés et polis, parfaits pour les fêtes de fin d'année. J'ai **remercié** Jill et j'ai noté **mentalement** de revenir plus souvent. À partir de maintenant, je prendrai soin de moi d'abord et avant tout. Elle s'est mise au travail en coupant mes cheveux. J'ai pensé à combien j'étais reconnaissante d'avoir enfin pris le temps de me faire couper les cheveux. Je me sentais bien de savoir que j'allais être présentable pour le **repas de** Noël. Je n'aurais plus à m'inquiéter des taquineries de ma famille sur mon apparence "débraillée". Après quelques minutes, le coiffeur a fini de me couper les cheveux et m'a fait un rapide brushing. Je me suis regardé dans le miroir et j'étais content de ce que je voyais - un look propre qui serait parfait pour le dîner de Noël. Maintenant que ma coupe de cheveux était terminée, je pouvais me concentrer sur les vacances avec ma famille. Et j'en étais encore plus reconnaissante.

Je me suis sentie tellement **libérée** et j'ai adoré le look de ma nouvelle coupe de cheveux. Après avoir payé ma coupe, je suis rentrée chez moi et j'ai commencé à faire mes bagages pour mon voyage. J'**avais hâte** de montrer mon nouveau look à ma famille et à mes amis. Je savais qu'ils seraient surpris en me voyant. Le jour de mon vol, je suis arrivée à l'aéroport avec beaucoup de temps devant moi. J'ai passé le contrôle de sécurité sans problème et j'ai rapidement pris la route. Dès que je suis arrivé à destination, j'ai senti l'excitation dans l'air. Il y avait vraiment de l'air pour Noël !

per le feste. **Ringraziai** Jill e presi **nota** di tornare più spesso. D'ora in poi mi prenderò cura di me stessa prima di tutto. Si mise al lavoro per tagliare i miei capelli. Pensai a quanto fossi grata di essermi finalmente decisa a tagliarmi i capelli. Era bello sapere che sarei stata presentabile per la **cena** di Natale. Non avrei più dovuto preoccuparmi che la mia famiglia mi prendesse in giro per il mio aspetto "trasandato". Dopo qualche minuto, la parrucchiera finì di tagliarmi i capelli e mi diede una rapida asciugata. Mi guardai allo specchio e fui felice di ciò che vedevo: un look pulito che sarebbe stato perfetto per la cena di Natale. Ora che il taglio di capelli era stato superato, potevo concentrarmi sulle vacanze con la mia famiglia. Ed ero ancora più grata per questo.

Mi sentivo così **libera** e adoravo l'aspetto del mio nuovo taglio di capelli. Dopo aver pagato il taglio, sono tornata a casa e ho iniziato a fare i bagagli per il mio viaggio. **Non** vedevo l'ora di mostrare il mio nuovo look alla mia famiglia e ai miei amici. Sapevo che sarebbero rimasti sorpresi quando mi avrebbero visto. Il giorno del volo sono arrivata all'aeroporto con molto tempo a disposizione. Ho superato i controlli di sicurezza senza problemi e presto sono partita. Non appena arrivai a destinazione, sentii l'eccitazione nell'aria. Il Natale era decisamente nell'aria!

Questions de compréhension

1. Que devait faire le protagoniste avant Noël ?

2. Que pense la protagoniste du fait de prendre soin d'elle ?

3. Qui a taillé les cheveux du protagoniste ?

4. Pourquoi la famille de la protagoniste allait-elle se moquer d'elle ?

5. Qu'a ressenti la protagoniste après s'être fait couper les cheveux ?

6. Qu'a fait la protagoniste après s'être fait couper les cheveux ?

7. Quelle a été la réaction de la famille de la protagoniste à sa coupe de cheveux ?

8. Qu'a fait le protagoniste la veille de Noël ?

9. Qu'est-ce qui a rendu l'expérience du protagoniste plus spéciale ?

10. Que se passerait-il si le protagoniste ne se faisait pas couper les cheveux ?

Domande di comprensione

1. Che cosa doveva fare il protagonista prima di Natale?

2. Come si è sentita la protagonista nel prendersi cura di sé?

3. Chi ha tagliato i capelli al protagonista?

4. Perché la famiglia della protagonista la prendeva in giro?

5. Come si è sentita la protagonista dopo essersi tagliata i capelli?

6. Che cosa ha fatto la protagonista dopo essersi tagliata i capelli?

7. Qual è stata la reazione della famiglia della protagonista al suo taglio di capelli?

8. Che cosa ha fatto il protagonista la vigilia di Natale?

9. Cosa ha reso più speciale l'esperienza del protagonista?

10. Cosa succederebbe se il protagonista non si tagliasse i capelli?

Le parc

Le soleil se couchait, et le parc était vide. Je me suis assise sur un banc, attendant mon **amie**. Nous avions prévu de nous retrouver ici il y a une heure, mais elle était toujours en retard. Au moment où j'allais abandonner et rentrer chez moi, je l'ai vue courir vers moi. "Je suis vraiment désolée", a-t-elle haleté en atteignant le banc. "Mon train a été **retardé**." "C'est bon", ai-je dit **avec indulgence**. "Je viens juste d'arriver." Nous nous sommes assis et avons bavardé pendant un certain temps, prenant des nouvelles de la vie de chacun depuis notre dernière rencontre. La conversation était fluide **et nous avions l**'impression que le temps n'avait pas passé depuis notre dernière rencontre. Au coucher du soleil, nous nous sommes dit au revoir et avons pris des chemins différents. La fois suivante, c'était dans un autre parc. Encore une fois, elle était en retard, mais ça ne m'a pas dérangé. C'était agréable d'avoir quelqu'un à qui parler et qui me **comprenait**. Nous avons parlé de nos rêves et de nos **aspirations**, des choses que nous voulions faire de nos vies. Elle m'a parlé de son projet de voyager dans le monde entier, et j'ai partagé mon rêve de devenir écrivain. Alors que le soleil se couchait sur un autre jour, nous nous sommes dit au revoir une fois de plus, en promettant de rester en contact cette fois-ci.

Il parco

Il sole stava tramontando e il parco era vuoto. Mi sedetti sulla panchina ad aspettare la mia **amica**. Avevamo programmato di incontrarci qui un'ora fa, ma lei era sempre in ritardo. Proprio quando stavo per arrendermi e tornare a casa, la vidi correre verso di me. "Mi dispiace tanto", ansimò quando raggiunse la panchina. "Il mio treno è **in ritardo**". "Non c'è problema", dissi **con indulgenza**. "Sono appena arrivato anch'io". Ci siamo seduti e abbiamo chiacchierato per un po', aggiornandoci sulle nostre vite dall'ultima volta che ci siamo visti. La conversazione è fluita **facilmente** e ci è sembrato che non fosse passato affatto del tempo dall'ultima volta che ci siamo visti. Al tramonto ci siamo salutati e abbiamo preso strade diverse. La volta successiva ci incontrammo in un altro parco. Anche in questo caso era in ritardo, ma non mi dispiaceva. Era bello avere qualcuno con cui parlare che mi **capisse**. Parlammo dei nostri sogni e delle nostre **aspirazioni**, delle cose che volevamo fare nella nostra vita. Lei mi parlò dei suoi progetti di viaggiare per il mondo e io le confidai il mio sogno di diventare scrittrice. Al tramonto di un altro giorno, ci siamo salutate ancora una volta, promettendo di tenerci in contatto questa volta.

Gli anni sono passati e la nostra **amicizia** è rimasta

Les années ont passé, et notre **amitié** est restée forte, même si nous vivions désormais dans des régions différentes du pays. Nous sommes restés en contact par des lettres et des appels téléphoniques occasionnels, partageant les nouvelles de nos vies respectives. Lorsqu'elle a annoncé qu'elle allait se marier, je n'ai pas été **surpris** - elle avait toujours été du genre **aventureux**. Mais lorsqu'elle m'a demandé si j'accepterais d'être sa demoiselle d'honneur à la cérémonie de son mariage qui se déroulait à l'autre bout du monde, loin de chez moi... il a fallu la convaincre ! En fin de compte, je ne pouvais pas laisser ma meilleure amie se marier sans moi à ses côtés, alors malgré mes craintes (et après qu'elle m'ait beaucoup suppliée !), j'ai **accepté de participer à** ce qui s'est avéré être l'**aventure** de ma vie.

Le jour du **mariage** est enfin arrivé. J'étais nerveux, mais excité de faire partie d'un moment si important dans la vie de mon amie. La cérémonie était magnifique, et elle avait l'air heureuse en prononçant ses vœux. **Ensuite,** nous avons fait une grande fête - on aurait dit que tous ses proches étaient venus célébrer avec elle ! C'était un jour **magique** que je n'oublierai jamais, et notre amitié n'a fait que se renforcer après cette aventure. Aujourd'hui, des années plus tard, nous restons toujours en contact.

forte, anche se ora viviamo in zone diverse del Paese. Ci siamo tenute in contatto tramite lettere e telefonate occasionali, condividendo le notizie della nostra vita. Quando annunciò che si sarebbe sposata, non ne fui **sorpreso**: era sempre stata un tipo **avventuroso**. Ma quando mi ha chiesto di farle da damigella d'onore alla cerimonia di matrimonio che si sarebbe svolta a metà strada dal luogo in cui vivevo... c'è voluto un po' per convincerla! Alla fine, però, non potevo permettere che la mia migliore amica si sposasse senza di me al suo fianco, così, nonostante le mie paure (e dopo molte suppliche da parte sua!), ho **accettato** di partecipare a quella che si è rivelata l'**avventura** di una vita.

Finalmente è arrivato il giorno del **matrimonio**. Ero nervosa, ma entusiasta di partecipare a un momento così importante della vita della mia amica. La cerimonia è stata bellissima e lei sembrava felice mentre pronunciava le sue promesse. **Dopo**, abbiamo festeggiato con una grande festa: sembrava che tutti i suoi conoscenti fossero venuti a festeggiare con lei! È stato un giorno **magico** che non dimenticherò mai, e la nostra amicizia si è rafforzata dopo quell'avventura. Ora, a distanza di anni, ci teniamo ancora in contatto.

Questions de compréhension

1. Où l'auteur et son ami se sont-ils rencontrés pour la première fois ?

2. Pourquoi l'ami de l'auteur était-il en retard à leur réunion ?

3. De quoi les amis ont-ils parlé lorsqu'ils se sont retrouvés des années plus tard ?

4. Qu'a ressenti l'auteur en assistant à la cérémonie de mariage de son amie ?

5. Décrivez le cadre de la cérémonie de mariage.

6. Comment l'amitié entre les deux femmes a-t-elle évolué au fil du temps ?

7. Quel est le rêve de l'auteur ?

8. Où l'ami de l'auteur prévoit-il de voyager ?

9. Pourquoi l'auteur a-t-elle hésité à assister à la cérémonie de mariage de son amie ?

Domande di comprensione

1. Dove si sono incontrati per la prima volta l'autrice e la sua amica?

2. Perché l'amico dell'autore è arrivato in ritardo all'incontro?

3. Di che cosa hanno parlato gli amici quando si sono rivisti anni dopo?

4. Come si è sentita l'autrice ad assistere alla cerimonia di matrimonio della sua amica?

5. Descrivete l'ambientazione della cerimonia nuziale.

6. Come è cambiata l'amicizia tra le due donne nel corso del tempo?

7. Qual è il sogno dell'autore?

8. Dove intende viaggiare l'amico dell'autore?

9. Perché l'autrice esitava a partecipare alla cerimonia di matrimonio della sua amica?

www.ingramcontent.com/pod-product-compliance
Lightning Source LLC
LaVergne TN
LVHW010603160826
845677LV00013B/3224

* 9 7 9 8 8 4 6 2 2 7 6 5 1 *